VIVENDO
OS ESPAÇOS

Dados Internacionais de Catalogação na Publicação (CIP)
(Simone M. P. Vieira – CRB 8ª/4771)

Gurgel, Miriam
    Vivendo os espaços : design de interiores e suas novas abordagens / Miriam Gurgel. São Paulo : Editora Senac São Paulo, 2022.

    Bibliografia.
    ISBN 978-85-396-3534-4 (impresso/2022)
    e-ISBN 978-85-396-3535-1 (ePub/2022)
    e-ISBN 978-85-396-3536-8 (PDF/2022)

    1. Arquitetura de interiores 2. Design multissensorial 3. Design biofílico   4. Neurociência : Design de interiores 5. Decoração de interiores   I. Título.

22-1613t   CDD – 747
                                         BISAC DES010000

Índice para catálogo sistemático:

1. Decoração e estilo : Design de interiores : artes decorativas   747

VIVENDO OS ESPAÇOS

DESIGN DE INTERIORES
E SUAS NOVAS ABORDAGENS • Miriam Gurgel

ADMINISTRAÇÃO REGIONAL DO SENAC NO ESTADO DE SÃO PAULO
Presidente do Conselho Regional: Abram Szajman
Diretor do Departamento Regional: Luiz Francisco de A. Salgado
Superintendente Universitário e de Desenvolvimento: Luiz Carlos Dourado

EDITORA SENAC SÃO PAULO

Conselho Editorial: Luiz Francisco de A. Salgado
  Luiz Carlos Dourado
  Darcio Sayad Maia
  Lucila Mara Sbrana Sciotti
  Luís Américo Tousi Botelho

Gerente/Publisher: Luís Américo Tousi Botelho
Coordenação Editorial/Prospecção: Dolores Crisci Manzano e Ricardo Diana
Administrativo: grupoedsadministrativo@sp.senac.br
Comercial: comercial@editorasenacsp.com.br

  Edição de Texto: Heloisa Hernandez
  Preparação de Texto: Editora Polis/Maísa Kawata
  Revisão de Texto: Editora Polis
  Projeto Gráfico, Capa e Editoração Eletrônica: Antonio Carlos De Angelis
  Impressão e Acabamento: Lis Gráfica

  Todos os direitos desta edição reservados à
  Editora Senac São Paulo
  Rua 24 de Maio, 208 – 3º andar – Centro – CEP 01041-000
  Caixa Postal 1120 – CEP 01032-970 – São Paulo – SP
  Tel. (11) 2187-4450 – Fax (11) 2187-4486
  E-mail: editora@sp.senac.br
  Home page: http://www.livrariasenac.com.br

  © Editora Senac São Paulo, 2022

SUMÁRIO

Nota do editor, 7

Dedicatória, 8

Apresentação, 9

1   Em busca de uma "experiência" dentro dos ambientes, 16

2   Design multissensorial, 52

3   Neuroarquitetura, neurodesign e neuroestética, 128

4   Design biofílico, 136

5   Afinal, o que seria um ambiente bem projetado?, 166

6   Arquitetura de interiores e design em tempos de pós-pandemia, 174

Referências, 191

Índice geral, 203

NOTA DO EDITOR

Com a pandemia da Covid-19, grande parte da população mundial ficou mais tempo em suas casas, muitos compartilhando espaço com suas famílias. A casa passou a ser o nosso refúgio, o local seguro. Algumas modificações tiveram de ser feitas, considerando novas rotinas de trabalho e, em alguns casos, maior convívio entre as pessoas, com diferentes necessidades individuais. O contato com o exterior, a maneira como nossa casa estava estruturada e como tudo isso impactava nossos sentidos e emoções ganhou mais importância, afinal, cada um, à sua maneira, buscava mais conforto em seus lares. Ainda hoje, com a adesão de muitos ao trabalho híbrido, a casa continua sendo um ambiente onde passamos bastante tempo, demandando nossa atenção.

Neste livro, Miriam Gurgel volta o seu olhar aos estudos de psicologia e neurociência aplicados ao design de interiores residenciais e comerciais, trazendo contribuições dessas ciências para pensar o projeto de espaços, visando maior bem-estar físico, psicológico e mental aos seus usuários. A partir de princípios da psicologia do espaço, da neuroarquitetura, do neurodesign, do design multissensorial e do design biofílico, a autora reflete sobre a influência do entorno nas pessoas e sobre o atual papel do arquiteto, indicando soluções flexíveis para o design de interiores, que deve se adequar a diferentes situações e habitantes.

Com este lançamento, o Senac São Paulo tem por objetivo oferecer recursos e fomentar pesquisas e propostas arquitetônicas para melhorar a experiência das pessoas no uso de espaços residenciais e comerciais.

 A todos que acreditam num mundo melhor, onde o bem-estar e a saúde das pessoas prevaleçam sobre a indiferença.

APRESENTAÇÃO

"Bisogna avere un caos dentro di sé, per generare una stella danzante."

"É preciso que um caos aconteça dentro de nós, para que possamos gerar uma estrela dançante."[1]

Friedrich Nietzsche, Assim falava Zaratustra

Catástrofes como enchentes, deslizamentos, terremotos ou até mesmo pandemias devem servir como fonte de aprendizado e inspiração, apesar da dor, das perdas e das tristezas que elas trazem para o nosso dia a dia.

É com uma bagagem de questionamento e procurando entender melhor os problemas que podem ou não ser evitados que arquitetos e designers devem olhar o mundo e buscar soluções que garantam o nosso bem-estar.

---

[1] Para Nietzsche, *estrela dançante* seria se tornar uma pessoa melhor.

É PRECISO APRENDER COM OS PROBLEMAS E CRESCER COM ELES. APÓS QUALQUER TIPO DE INFORTÚNIO, É NECESSÁRIO VIVENCIÁ-LO E BUSCAR UM MODO PARA NOS TORNARMOS MELHORES PESSOAS.

É PRECISO QUE ARQUITETOS E DESIGNERS SE TORNEM MELHORES PROFISSIONAIS, COLOCANDO SEMPRE O BEM-ESTAR E A SAÚDE MENTAL E FÍSICA DE SEUS CLIENTES EM PRIMEIRO LUGAR!

Segundo a grande maioria dos autores, vivemos a maior parte de nosso tempo dentro de diferentes ambientes, portanto precisamos reconhecer que cada um desses locais exerceu certa influência em nosso comportamento, em nosso humor e em nossa psique.

SIMPLIFICANDO, NOSSO CÉREBRO PERCEBE E IRÁ INTERPRETAR CADA SINAL QUE O AMBIENTE MANDA ATRAVÉS DOS NOSSOS CINCO SENTIDOS, OU SEJA, CADA COISA QUE OUVIMOS, VEMOS, SENTIMOS, EXPERIMENTAMOS OU TOCAMOS MANDA UM SINAL PARA O NOSSO CÉREBRO, QUE NOS ENVIA UMA SENSAÇÃO COMO "CONCLUSÃO".

Neste livro, falaremos de novas e antigas descobertas, científicas ou não, que procuram redirecionar o pensamento de arquitetos e designers.

Essas filosofias ou disciplinas são aplicadas paralelamente ao conceito fundamental do design, ou seja, são um processo criativo composto por elementos e princípios específicos que foram cuidadosamente explicados nos meus outros livros sobre arquitetura de interiores e design.

Existe um grande movimento pelo mundo, entre profissionais de várias áreas, que procura fazer a arquitetura e o design considerarem, além da estética, da forma e da funcionalidade, a influência psicológica dos projetos sobre os usuários. Esse novo – porém não recente – enfoque de "pensamento" levaria mais em consideração a percepção do espaço, ou seja, a vivência e as experiências pessoais dentro dos ambientes.

"Numa conferência para o American Institut of Architects (AIA), Barbara Stewart [1951--2016], conhecida arquiteta norte-americana praticante de Feng Shui, pediu um retorno ao 'design intuitivo e emocional' e um afastamento do intelectualismo frio praticado por muitos arquitetos contemporâneos [...] segundo ela, emoções estão 'guiando nossos clientes e usuários em outra direção [...] as pessoas olham para as construções com emoção, não com o intelecto'. A desconexão dos arquitetos

com o público também é demonstrada nas revistas de arquitetura que promovem as mais recentes formas ousadas e bem definidas que não fazem as pessoas alegres ou felizes."
(Green, 2012)

Neuroarquitetura e neurodesign, por exemplo, são assuntos também bastante científicos, extensos e complexos, além de estarem baseados em constantes e inovadoras pesquisas da neurociência. Falaremos sobre eles explicando, de modo simplificado, como funcionam e quais, entre tantos enfoques e detalhes, poderiam ser aplicados, diremos que mais "facilmente", por arquitetos e designers. Esse mesmo enfoque será utilizado para os designs biofílico e multissensorial.

A psicologia dos espaços ou psicologia do ambiente é uma disciplina que procura mostrar a importância de um design desenvolvido "ao redor" do usuário, ou seja, defende que primeiramente se estabeleçam as características psicológicas do ocupante do espaço para que se "compreenda" como evitar que ele se sinta estressado dentro do ambiente e investiga, também, do que ele precisaria dentro desse local para que se sinta bem. Bastante complexa e baseada na psicologia comportamental, na neurociência e no design biofílico, entre outras disciplinas, partindo dela procuramos trazer alguns conselhos que poderão ser aplicados, visando adaptar um ambiente a uma mensagem apropriada.

Todas as disciplinas citadas seguem a premissa de que os ambientes nos influenciam e que podemos alterá-los para que eles nos estimulem do modo como queremos ser estimulados.

A primeira meta delas seria a busca por um design que promova o bem-estar e a saúde das pessoas, ao mesmo tempo que possibilite que elas possam desenvolver 100% de suas capacidades pessoais e profissionais.

A estética, tão em foco em nosso mundo atual, deve "surgir", deve ser resultado da busca por bem-estar, saúde mental, social e física, e produtividade.

Todas essas disciplinas podem ser estudadas a fundo como especialização na carreira, um diferencial profissional, ou podem ser aplicadas nos projetos como um algo a mais para os clientes, ou seja, seria mais um controle do profissional na busca da criação de um ambiente "perfeito" – se é que ele existe – ou simplesmente extremamente bem projetado.

Nesta publicação, mostramos diferentes conceitos para "abrir os horizontes" dos estudantes e profissionais para novas formas de perceber e entender nosso meio ambiente (entorno), nossa relação psicológica com os espaços e a importância de engajar os nossos cinco sentidos no design.

(1)

EM BUSCA DE UMA "EXPERIÊNCIA" DENTRO DOS AMBIENTES

> *A experiência está no cerne da existência humana. Nossas opiniões e visões individuais do mundo são moldadas por eventos, incidentes, ocorrências e interações que compartilhamos com pessoas, objetos, lugares, serviços, regras, trabalho e qualquer outra coisa que encontramos no mundo ao nosso redor. Sem mergulhar profundamente no existencialismo, se não estamos aqui para experimentar, por que estamos aqui, afinal?*
>
> *Chirryl-Lee Ryan*, Why design for experience?

Tomar um café, uma cerveja ou um vinho passou a ser "uma experiência" vivida pelo consumidor dentro de cafeterias, cervejarias ou vinotecas. As bebidas passaram a ser saboreadas, como foi bastante discutido nos meus livros *Café com design*, *Cerveja com design* e *Vinho com design*.

Não é mais sobre a estética pura e simples dos locais, mas sim como a arquitetura e o design do ambiente estimulam, trazem emoções, fazem uma pessoa ter a sensação de pertencimento e estar feliz. Acima de tudo, que ajuda na melhoria do bem-estar e da saúde mental, física e social. Em poucas palavras, é sobre "viver os espaços".

Agora é a vez de residências e outros estabelecimentos comerciais ou de trabalho estabelecerem também uma experiência para seus moradores e usuários.

Experiência dentro de um ambiente leva em conta como nos sentimos dentro dele, quais as reações físicas e fisiológicas que ele nos oferece através de seu design e, quem sabe mais importante ainda, como podemos alterar o espaço em benefício da saúde e do bem-estar. A estética seria decorrente desse processo, e não o foco principal.

PARA ESSA MUDANÇA DE DIREÇÃO QUANTO À PRIORIDADE DO DESIGN, OU SEJA, DE UMA VALORIZAÇÃO PURAMENTE ESTÉTICA A UMA IMPORTÂNCIA DAS SENSAÇÕES VIVIDAS, DO BEM-ESTAR FÍSICO E MENTAL, ESTÁ SENDO INCORPORADO AO DESIGN O CONHECIMENTO DA PSICOLOGIA, DA NEUROCIÊNCIA, DO DESIGN MULTISSENSORIAL E DA BIOFILIA.

PSICOLOGIA, ARQUITETURA E DESIGN DE INTERIORES

Quando falamos de psicologia e design, a primeira coisa que lembramos é a influência psicológica das cores tão utilizada na arquitetura e no design de interiores.

A cor, elemento do design, atua em nosso subconsciente. Caso elas sejam utilizadas inapropriadamente, poderemos causar "problemas" no projeto, por exemplo, tornar um ambiente pequeno ou grande demais, opressivo, superexcitante, etc.

AS CORES SERÃO ANALISADAS QUANTO ÀS SUAS CARACTERÍSTICAS RELACIONADAS À SUA INFLUÊNCIA EM NOSSO ESTADO DE ESPÍRITO, CONCENTRAÇÃO, PERFORMANCE E DESEJOS.

Entretanto, a influência que os ambientes podem exercer em nosso humor, comportamento e no dia a dia vai muito além da aplicação de cores. Analisar de que modo os ambientes podem nos ajudar a alcançar boa saúde e bem-estar, ou ainda de que forma podemos "manipular" comportamentos dentro dos espaços, passou a ser mais estudado por profissionais de arquitetura e design.

A neurociência surgiu diante da necessidade de encontrar opções para ajudar na cura de doenças. A hipótese de que nosso cérebro reagiria ao nosso meio ambiente vem sendo desenvolvida e comprovada por cientistas por meio de pesquisas. Os resultados estão sendo aplicados em hospitais, clínicas de recuperação, entre outros locais, com excelentes resultados.

♦ **PORTANTO** Foi encontrada mais uma ferramenta de design, a neurociência, para permitir criar a atmosfera de que precisamos para os "fins" desejados, utilizando informações de variação de postura e comportamento que ocorrem sob determinadas condições.

O tamanho dos ambientes também pode interferir no nosso estado emocional. Em tempos de pandemia, por exemplo, quando é necessário que as pessoas evitem sair de casa e, assim, passem muitas horas juntas, dividindo os mesmos espaços, o estresse tende a aumentar e brigas e discussões constantes podem acontecer. Não foi por acaso que, durante a pandemia causada pela Covid-19, a violência doméstica aumentou nos momentos de *lockdown*, quando o estresse causado pelo isolamento, associado ao confinamento de várias pessoas em espaços pequenos, teria criado uma associação perigosa.

◆ **EXEMPLO (OU FATO?)** Meu primeiro contato com a importância que os ambientes têm no favorecimento ou não de nosso bem-estar se deu ainda quando era criança e visitava meus tios nos finais de semana. Na casa onde viviam, sempre havia muita discussão, seja na sala de jantar, seja na de visitas. Moravam na mesma casa seis membros da família e a confusão era diária. A casa não era grande e o corredor era estreito. Na mesma época, assisti ao filme *Meu tio da América*, que coincidentemente mostrava um parâmetro entre ratos de laboratório e pessoas em ambientes confinados. Os ratos em espaços restritos acabavam comendo uns aos outros, e várias pessoas dividindo espaços pequenos acabavam gerando muitos conflitos. Estava explicado por que a chance de discussões dentro das casas aumenta quando uma família grande divide um espaço pequeno!

Psicologia ambiental e ciência dos espaços

O assunto de que vamos tratar a seguir é vastíssimo. Procuramos dar uma visão geral da disciplina e nos aprofundar mais na parte que diz respeito diretamente à arquitetura e ao design de interiores residencial. Não nos aprofundaremos no âmbito das cidades.

"a especificidade da psicologia ambiental é a de analisar como o indivíduo avalia e percebe o ambiente e, ao mesmo tempo, como ele está sendo influenciado por esse ambiente.

É bastante conhecido que determinadas especificidades ambientais tornam possíveis algumas condutas, enquanto inviabilizam outras." (Moser, 1998)

Os cientistas e/ou pesquisadores responsáveis por essa disciplina começaram a ser reconhecidos nos anos 1960, muito embora o assunto já viesse despertando interesse há muito tempo.

Uma das primeiras áreas a participar de pesquisas nesse segmento teria sido a medicina, quando um estudo dentro de hospitais psiquiátricos colocou lado a lado médicos, arquitetos e pacientes doentes mentais para explorar esse assunto.

Harold Proshansky (1920-1990), psicólogo norte-americano, foi o primeiro pesquisador a considerar a hipótese de que os ambientes influenciariam direta e previsivelmente o comportamento das pessoas e a identificar os princípios envolvidos na psicologia ambiental. Foi também o primeiro a utilizar o termo "identidade de lugar" (*place identity*).

PARA PROSHANSKY (*APUD* MOSER, 1998), A IDENTIDADE DE UM LUGAR (NO NOSSO CASO, AS RESIDÊNCIAS) SERIA A JUNÇÃO DAS MEMÓRIAS, SENTIMENTOS, INTERPRETAÇÕES, CONCEPÇÕES E IDEIAS RELACIONADOS A ELE.

A IDENTIDADE RESIDENCIAL QUE TRAZEMOS CONOSCO EM NOSSAS VIDAS É COMPOSTA PELOS PARâMETROS QUE INFLUENCIARÃO A PERCEPÇÃO E AVALIAÇÃO QUE FAZEMOS DA RESIDêNCIA ONDE VIVEMOS NO PRESENTE.

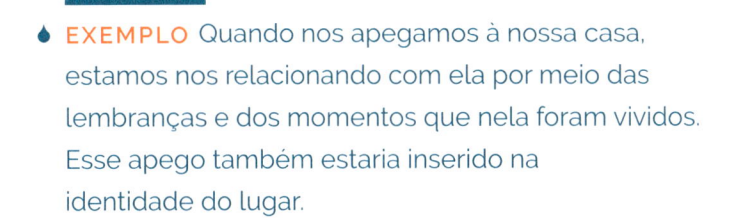

♦ **EXEMPLO** Quando nos apegamos à nossa casa, estamos nos relacionando com ela por meio das lembranças e dos momentos que nela foram vividos. Esse apego também estaria inserido na identidade do lugar.

♦ **PORTANTO** Pesquisar e considerar a identidade residencial de nossos clientes, ou seja, suas memórias e história vivida dentro das casas em que morou anteriormente, ajuda e muito no desenvolvimento de um design que traga a eles boas lembranças e, consequentemente, maior chance de satisfação pessoal enquanto usuário dos ambientes.

Os primeiros livros sobre essa disciplina teriam sido publicados nos Estados Unidos, no final da década de 1960 e início da de 1970, o que comprova o pouco tempo de reconhecimento científico apesar do longo período de estudo.

O antropólogo americano Edward Hall (1914-2009), no seu livro *A dimensão oculta* (2005), definiu o que chamou de "espaço pessoal" e demonstrou como ele varia dependendo da cultura da pessoa, do contexto em que ela se encontra e de outras variações, como sexo, altura, características psicológicas, etc.

◆ **EXEMPLO** A relação de um domador com seu leão nos antigos circos é um exemplo bastante interessante do que vem a ser espaço pessoal. O leão permanecia sentado "em paz" até que o domador se movimentasse para a frente, invadindo o espaço individual do animal, que então se movia ou rugia. Portanto, se respeitarmos essa distância que nos assegura certa tranquilidade, garantiremos um ambiente também mais tranquilo e "sob controle".

_ FIGURA 1. Segundo Hall, as distâncias pessoais seriam: **A.** (zona íntima) da pele a 47 cm; **B.** (zona pessoal) 46 cm a 1,22 m; **C.** (zona social) 1,23 m a 3,66 m; **D.** (zona pública) 3,67 m a 7,62 m.

As distâncias entre pessoas estabelecidas por Hall podem sofrer alterações, dependendo de diferenças culturais e situações específicas. Por exemplo, ela aumentaria:

- quando não conhecemos a pessoa;
- não temos intimidade ou grande amizade com ela;
- quando estamos numa posição de "poder" ou hierarquia superior;
- quando estamos numa hierarquia mais baixa.

◆ **PORTANTO** Neste cenário, em projetos comerciais, de escritórios ou salas de espera, justificaria um afastamento maior entre as cadeiras, nas quais sentarão pessoas aguardando para serem atendidas ou para tomar um café sozinhas, por exemplo. Manter algumas cadeiras mais próximas e outras mais afastadas transformaria o fato de "esperar" ou mesmo de "estar sozinho" numa atividade menos estressante.

Ainda para Hall, é necessário que se respeite o espaço pessoal, pois se o "invadirmos" iremos causar tensão e desconforto entre os envolvidos.

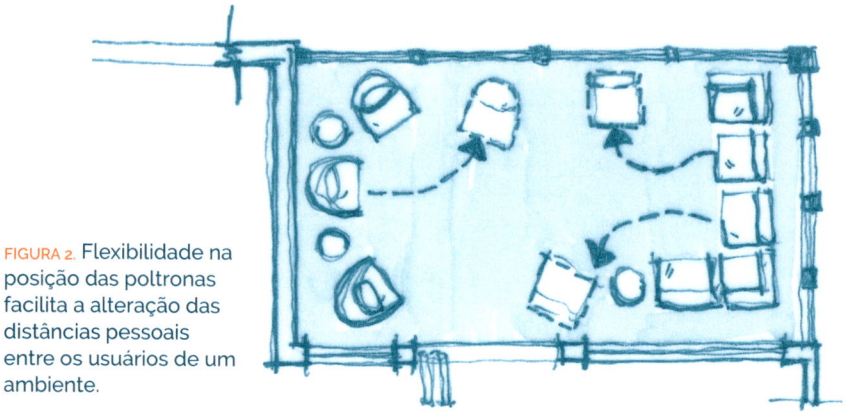

_FIGURA 2. Flexibilidade na posição das poltronas facilita a alteração das distâncias pessoais entre os usuários de um ambiente.

◆ **PORTANTO** Uma forma de garantirmos o respeito ao distanciamento entre as pessoas seria facilitar que a disposição dos móveis possa ser alterada (flexibilidade). Por exemplo, numa varanda ou numa área criada para receber pessoas, utilize cadeiras e poltronas leves ou com rodízio para que elas possam ser reorganizadas dependendo da situação e segundo o desejo dos visitantes.

Amos Rapoport, arquiteto polonês, demonstrou em seu livro *House form and culture* (1969) que, nas formas dos edifícios, além da função, encontramos influências culturais. Seu livro teria chamado a atenção de arquitetos pelo mundo todo, os quais teriam começado a se sensibilizar pelo assunto.

Já Robert Sommer, psicólogo ambiental norte-americano, escreveu a teoria do "espaço pessoal". Em seu livro, *Personal space: the behavioral basis of design*, chamou a atenção de arquitetos e decoradores para a necessidade de criar espaços para serem "vividos", onde todas as atividades a serem desenvolvidas neles deveriam acontecer com total conforto e eficiência.

Os primeiros estudos sobre a influência que os espaços podem ter sobre as pessoas teriam sido classificados como pertencentes à cadeira de psicologia arquitetônica.

A análise de como as pessoas entendem e se relacionam com o entorno, com o contexto em que se encontram, foi um novo enfoque incorporado à psicologia arquitetônica que teria, então, passado a ser chamada de psicologia ambiental, uma área multidisciplinar na qual participam sociólogos, arquitetos, biólogos e designers, entre outros profissionais interessados no assunto, mas sempre como uma "ramificação" da psicologia.

Alguns psicólogos fazem questão de afirmar que não se trata de uma aplicação da psicologia, já que a disciplina contém muitos conceitos próprios e inexistentes dentro da psicologia, como a concepção de espaço e identidade residencial.

A partir de então, ficou estabelecida uma inter-relação entre as pessoas e os espaços onde se encontram.

Seria um processo de "ida e volta" da capacidade de mudança, interferência e transformação do comportamento (conduta), percepção, avaliação e experiências vividas pelas pessoas no meio ambiente, e como podemos transformá-lo para que ele as estimule de um modo predeterminado.

Seria, segundo Moser (1998), uma ação dinâmica de reciprocidade entre pessoa e ambiente onde são satisfeitas as necessidades pessoais.

Meio ambiente nesse contexto seriam os ambientes naturais, sociais e construídos pelos homens.

Os psicólogos ambientais também são conhecidos como cientistas do espaço (*place scientists*), do lugar, e podem, como já dissemos, ser psicólogos, arquitetos, designers, sociólogos, etc.

"A ciência dos espaços é uma disciplina, como física e genética. Usa pensamento estruturado para estabelecer como o lugar em que você se encontra fisicamente influencia o seu estado mental e determina que mudanças (se necessárias) precisariam ser feitas no espaço para se atingir objetivos pessoais ou profissionais." (Augustin, 2009a)

A PSICOLOGIA/CIÊNCIA DOS ESPAÇOS É UMA DISCIPLINA ENSINADA EM CURSOS E UNIVERSIDADES NO EXTERIOR. AS ENTIDADES EDUCACIONAIS QUE FORMAM PROFISSIONAIS APRESENTAM CURRÍCULOS SEMELHANTES, ABORDANDO BASICAMENTE OS MESMOS TEMAS.

Conceitos importantes

- **ESPAÇO**: tipo do local onde a pessoa está no momento, podendo ser, por exemplo, amplo ou pequeno, fechado ou aberto, bem iluminado ou meia-luz, etc.
- **DIMENSÃO TEMPORAL**: estaria diretamente ligada à história pessoal, ou seja, ao passado, e ao que se projetaria para o futuro.
- **IDENTIDADE DE LUGAR (*PLACE IDENTITY*)**: junção de nossas memórias e história dentro de diferentes espaços, por exemplo, a identidade residencial.

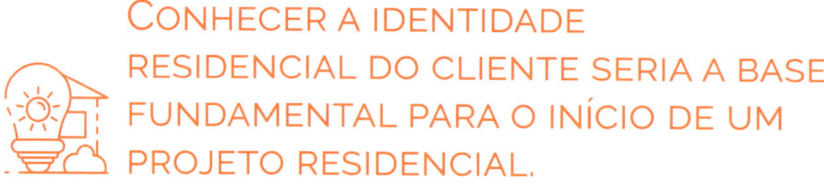

Conhecer a identidade residencial do cliente seria a base fundamental para o início de um projeto residencial.

◉ **COMPORTAMENTO PRÓ-AMBIENTAL:** são comportamentos que respeitam o meio ambiente e que devem ser adotados. Por exemplo, coleta seletiva de lixo, controle no consumo de água, menor consumo energético, etc.

O resultado das pesquisas realizadas pelos cientistas do espaço infelizmente está bastante ligado à psicologia comportamental e, às vezes, é difícil traduzi-lo em aspectos relevantes para o design.

A fonte de dados, entretanto, determinou alguns pontos que podem ajudar muito arquitetos e designers, e que serão vistos neste capítulo. Alguns deles vieram de pesquisas da neurociência, da biofilia, e outros podem ser encontrados no design multissensorial, como já mencionamos anteriormente.

Sabe-se que a aplicação da ciência dos espaços pode ajudar a aumentar a produtividade e as vendas em projetos comerciais, bem como contribuir, por exemplo, numa recuperação mais rápida de pacientes em hospitais.

Vários hospitais e clínicas já utilizam amplas janelas voltadas para jardins e iluminação melhor, entre tantos outros pontos, que auxiliam numa recuperação mais "agradável" e, portanto, mais rápida. O mesmo pode ser utilizado para a residência de clientes com constantes problemas de saúde.

Entre as aplicações do resultado das pesquisas realizadas pelos cientistas do espaço, encontramos a possibilidade de:

- melhorar a qualidade de vida nos ambientes, pois podem indicar como diminuir o estresse dos usuários;
- proporcionar bem-estar aos seus clientes, já que estabelecem modos para se acrescentar elementos no projeto que reforcem características positivas dos ocupantes para estimulá-los de forma benéfica;
- criar a atmosfera necessária para que os usuários desenvolvam plenamente o seu potencial como pessoas, já que também indicam como aumentar a criatividade e a concentração;
- melhorar a socialização, o aspecto social de nossas vidas, pois fornece orientação para aumentar o comportamento social e considerações quanto a posicionamento de mobiliário.

Basicamente, tudo que nos circunda, que faz parte do nosso entorno – cores, formas, texturas, móveis, paredes, teto, cheiros, sons, paisagens, vistas, etc. –, irá nos influenciar, dependendo de como forem utilizados no design dos ambientes.

Essa influência seria decorrente da utilização dos nossos cinco sentidos (design multissensorial), que enviam os estímulos recebidos (vindos dos ambientes) para o cérebro, desencadeando um comportamento e uma emoção específicos.

Segundo a ciência dos espaços, como já dissemos, o entorno nos influencia de determinado "modo", e podemos alterá-lo para que ele nos influencie da maneira que gostaríamos de ser influenciados.

Vários profissionais chegam a afirmar que, até o surgimento dessa ciência, os edifícios e as residências teriam sido criados quase independentemente das características dos ocupantes e, muitas vezes, até distante da função real de alguns ambientes.

Para os estudiosos, as residências devem ser pensadas levando em consideração a função e sua percepção espacial (psicologia do espaço). Podemos dizer que a estética está dentro da percepção espacial. Ela deve ser responsável pelo nosso bem-estar e saúde física e mental. Portanto, ela não seria um alvo, mas uma ferramenta do design.

A psicologia do espaço atua no nosso subconsciente, diretamente nas nossas emoções e sensações, influenciando a maneira como obtemos consciência do ambiente onde estamos. Segundo a neurociência, a área do cérebro que reage à geometria espacial seria assim acionada:

Percepção séria = **Ter consciência do espaço** = **Experiência multissensorial**

A CIÊNCIA DOS ESPAÇOS, OU PSICOLOGIA AMBIENTAL, MOSTRA QUE AS CONSTRUÇÕES DEVEM SER ERGUIDAS "AO REDOR" DOS OCUPANTES, OU SEJA, COLOCANDO AS SUAS NECESSIDADES FÍSICAS, SOCIAIS E PSICOLÓGICAS EM PRIMEIRO LUGAR PORQUE, SÓ ASSIM, GARANTIRÁ SUA SAÚDE E SEU BEM-ESTAR FÍSICO, SOCIAL E MENTAL.

Exemplo de influências das sensações sentidas dentro de ambientes e que devem ser consideradas pelos profissionais de design

"Como indivíduos, absorvemos informações por meio de nossos sentidos, criando consciência (percepção). Em seguida, processamos essa informação em nossa compreensão (cognição), que por sua vez molda nossa realidade. Passamos nossos primeiros anos tentando "dar sentido" ao mundo – vendo, tocando, cheirando, saboreando e ouvindo o que está ao nosso redor. As conexões multissensoriais que se formam em nosso cérebro nos permitem criar significado e memória." (O'Gara, 2019)

_Vivências e memória

Cada pessoa responde diferentemente a um mesmo estímulo, pois cada um de nós tem memórias que foram formadas por meio de experiências pessoais. O que nos agrada ou nos irrita, por exemplo, está ligado a experiências passadas, ocorridas durante nossa infância, que acabaram criando memórias que acionamos por meio dos estímulos externos que recebemos.

♦ **PORTANTO** Conhecer, por exemplo, o que certos "cheiros", cores ou sons causam ao cliente será fundamental na hora de escolher qual e como utilizá-los no projeto.

◆ **EXEMPLO** Quando criança, minha mãe costumava nos colocar na cama, apagar a luz, pegar seu violão e tocar músicas para nós. Ainda hoje, o som do violão me acalma, me traz sensações boas, me dá paz.

_Personalidade

A psicologia explica a necessidade de observar as características de personalidade dos clientes e/ou ocupantes dos ambientes já que ela, com certeza, determinará algumas das reações, ou melhor, como eles interagirão com o design proposto.

◆ **PORTANTO** A análise das características psicológicas – por exemplo, tendência à depressão, problemas de autoestima, otimismo ou pessimismo, etc. – será de bastante valia na hora de desenvolver o projeto.

◆ **EXEMPLO** Tive um companheiro de escritório que era completamente diferente de mim, ou seja, introvertido, sério e, de certa forma, previsível. Resolvi pendurar numa das paredes do escritório uma gravura de mais ou menos 80 cm × 160 cm do artista brasileiro Rubens Gerchman, que eu adorava. As cores primárias fortes e bastante intensas da gravura, que combinam bem com minha personalidade, foram "demais" para meu colega, que pediu para que eu a retirasse da parede, pois o incomodava demais.

_Cultura nacional

Cada cultura traz consigo uma série de características próprias que definem um povo, como seu comportamento, religião e valores. Os pontos importantes da cultura, aqueles que mais fortemente nos tocam, devem estar representados nos ambientes.

♦ **PORTANTO** Investigar quais os pontos e os valores importantes para o cliente poderá garantir o sucesso da criação de um ambiente onde ele se sinta pertencente e feliz.

Exemplos de informações que podem estar "escondidas" na cultura nacional:

- O distanciamento entre as pessoas pode ajudar na hora de definir o tamanho mais adequado para uma sala de estar ou o próprio sofá. Por exemplo, brasileiros e outros povos latinos abraçam e tocam as pessoas enquanto conversam, já povos mais "frios", como os ingleses, procuram manter uma distância maior, além de evitar tocar nas pessoas.

- A forma de agregação familiar pode ajudar a definir o tamanho das mesas e salas de refeições, panelas a serem guardadas, etc. Por exemplo, os italianos gostam de receber frequentemente a família e amigos para almoços e jantares de confraternização.

- Características climáticas e geográficas de onde um determinado povo vive também influenciam a cultura local, pois faz a ligação entre as características do espaço e a definição do que seja um ambiente bem projetado. Algumas características podem ser mantidas mesmo que se mude para uma região com diferente clima.

Sabe-se que nos sentimos mais relaxados e tranquilos em espaços que, de certa forma, "reconhecemos" ou aos quais "estamos acostumados". Por exemplo, a maioria dos povos que moram em regiões quentes e úmidas estão acostumados a grandes janelas e pé-direito altos, pois ajudam a diminuir a sensação de calor e aumentam a ventilação. Já povos de regiões frias, ao contrário, podem se sentir melhor em ambientes com pé-direito mais baixo e janelas menores.

Conhecendo a nacionalidade do cliente e pesquisando sobre ela, podemos obter informação sobre seus usos (hábitos) e costumes.

> ♦ **EXEMPLO** Na cultura brasileira, o preto é a cor que se deve vestir quando uma pessoa morre. Já na cultura chinesa, a cor branca é a indicada.

_Cultura de organizações

A maioria das pessoas pertence a uma determinada organização, ou seja, é sócio de um clube, faz parte de uma torcida organizada, joga em algum time esportivo, participa de uma associação, etc.

Quando fazemos parte de um grupo de pessoas com algo em comum, é bastante provável que sejam acrescentadas ao nosso inconsciente "informações" importantes para o coletivo e que também poderão influenciar nossas reações ao espaço que nos rodeia.

◆ **PORTANTO** Procure saber quais são os grupos, clubes, torcidas, associações, etc. aos quais o cliente e seus familiares pertencem para poder projetar ambientes onde eles se sintam bem.

◆ **EXEMPLO** Criar um quadro expositor com os broches que o cliente tenha recebido enquanto escoteiro ou bandeirante pode trazer ao ocupante do ambiente uma sensação de felicidade todas as vezes que olhar para o *display*, pois os broches irão transportá-lo a uma época em que estava feliz e foi reconhecido pelo seu grupo.

QUADRO 1. Características dos ambientes segundo o tipo de tarefa.

Tarefas	Características	Ambientes	Funções	Estímulo	Distância pessoal	Características do ambiente
Intelectuais	solitárias e requerem o uso do cérebro	escritório, home office, biblioteca, livraria, sala de leitura e estudo, etc.	estimular a concentração e, ao mesmo tempo, combater o tédio	poucos, para não sobrecarregar o cérebro com muitas informações extras que desviariam a concentração da tarefa	maior do que a convencional e com privacidade; sem contato "olho no olho"	Delimitar o território da tarefa com tapete, paredes, pintura, móveis, etc.
						Acrescentar elemento "recarregador", como janela, quadro com paisagem, lareira, peixes, etc.
						Iluminação amarelada (para não interferir na memória recente), com pouca iluminação difusa e iluminação de tarefa.
						Cores frias relaxantes e vivas, mas pouco saturadas.
						A padronagem não deve chamar a atenção.
						Música simples e odor fraco.
						Acabamento fosco.

(cont.)

Tarefas	Características	Ambientes	Funções	Estímulo	Distância pessoal	Características do ambiente
Manuais e ligeiramente físicas	em sua maior parte solitárias e demandam o uso das mãos	estúdio, cozinha, lavanderia, sala de costura, área para ginástica, etc.	permitir que tarefas difíceis sejam executadas com segurança	encorajar a realização de tarefas e a concentração, evitando devaneios e distrações	evitar contato "olhos nos olhos", para ajudar na concentração	Privacidade visual e sonora. Iluminação difusa azulada (que não altere a cor) e iluminação de tarefa amarelada. Contraste com cores frias saturadas relativamente vivas. Pouca variedade de padronagens, mas geométricas e complexas para estimular a criatividade. Músicas rápidas, complexas e intensas. Acabamentos brilhantes.
Culturais	com pouca atividade física	salas ou salões, home theater, salas de música e conferências	estimular a socialização e diminuir visualmente a amplitude do espaço	pouco, para não excitar as pessoas em excesso	pode ser diminuída, dependendo da ocasião	Sofisticado. Luz predominantemente amarelada e acolhedora. Iluminação difusa suficiente para a movimentação, e de apoio para mesas laterais ou spots indiretos. Mobiliário que permita flexibilidade e movimentação para mudança das distâncias pessoais. Cores saturadas e não muito vivas.

Teoria da motivação e sua aplicação

Utilizada pela ciência dos espaços, a teoria da motivação foi criada por Steven Reiss (1947-2016), psicólogo norte-americano que contribuiu na área da psicologia com ideias bastante inovadoras. Segundo ele, 16 desejos básicos são os motivadores que guiam nosso comportamento e são os responsáveis pelo "sentido" que damos à nossa vida.

Quando incorporados à ciência dos espaços, os desejos passam a ter um significado importante, pois, se forem representados nos ambientes, tendem a estimular o comportamento das pessoas na direção escolhida. Seria uma comunicação não verbal que contribui para nosso bem-estar, para nos sentirmos felizes.

Por serem motivadores e de igual importância, um não sobressairia sobre o outro, e, conhecendo o cliente, podemos encontrar um modo para que estejam presentes e representados nos ambientes.

_ QUADRO 2. Os 16 desejos e formas de representá-los.

	Desejo de	Teoria	Projeto
1	Aceitação	aceitação num determinado grupo	Aceitar "certos" desejos estéticos do cliente, os quais alguns profissionais se recusariam a adicionar ao projeto por acreditar que não fazem sentido no design que querem propor. Às vezes, pode ser uma forma de o cliente expressar a sua vontade de ser aceito num grupo. Símbolos estéticos de poder e de fama geralmente se encontram nessa categoria.
2	Comer	consumo de comida	Cada pessoa, cada família tem seu modo particular de realizar as refeições, por isso considere projetar uma cozinha e/ou área que agrade o cliente e que, ao mesmo tempo, supra suas necessidades e vontades. Quando as refeições devem ser rapidamente preparadas na cozinha, é melhor "focar" o design na funcionalidade, mantendo pouca distração por meio da estética. Para cozinhas onde as pessoas recebem e se divertem, um design bastante diferenciado poderá ser uma escolha mais apropriada.
3	Contato social	companheirismo	Nos ambientes reservados, a reunião de pessoas deve permitir que sejam respeitadas as normas de distâncias pessoais – cadeiras ou poltronas com rodízio ou leves pode ser uma das opções. As pessoas se sentem bem quando têm controle sobre sua relação com o outro, ou seja, sobre a sua distância pessoal.
4	Curiosidade	conhecimento	Esse desejo está ligado à nossa necessidade de aprender, seja dança, língua estrangeira, costura, etc. Para que esse desejo se expresse plenamente, avalie quais as condições ideais para que o usuário do espaço consiga completar sua "missão" (busca por aprendizado) do modo mais confortável, prático e seguro.
5	Guardar	coleção de coisas	Expor coleções que o cliente estima e dá valor pode ajudar a expressar esse desejo.

(cont.)

	Desejo de	Teoria	Projeto
6	Exercícios físicos	exercícios físicos	Garantir a prática de atividades físicas, facilitando o acesso e provendo locais para guardar os equipamentos necessários.
			Por exemplo, grandes espelhos e barras para ballet, ganchos para pendurar bicicletas, espaço para ginástica, etc.
7	Família	sua própria família	Os pais determinam como desejam educar sua família e como ela deve se relacionar entre si e com os outros.
			É importante que os ambientes expressem exatamente como e onde a família deseja que as atividades aconteçam e devem refletir os valores familiares e individuais.
8	Idealismo	justiça social	Expor símbolos que representem, para o usuário, seus ideais de justiça, igualdade, voluntarismo, etc.
9	Independência	autoconfiança	Expor "provas" de sucesso – como livros da autoria do cliente, diplomas conquistados, fotografias de momentos de glória pessoal – pode ser um modo de expressar esse desejo. Viagens solo, montanhas escaladas ou mesmo fotos ou gravuras com imagens positivas podem reforçar a autoconfiança de quem os vê.
10	Ordem	organização	Escolher quais os melhores sistemas para organizar as roupas, papéis no escritório, despensa na cozinha, bonés no dormitório, etc., são formas de representar e estimular este desejo.
11	Poder	influência sobre pessoas	Este desejo pode estar expresso, por exemplo, na deliberada diferença entre as cadeiras de jantar e as das cabeceiras da mesa, que seriam muito mais "pomposas", com braços e demarcando que quem se senta ali seria mais importante do que os outros. A mesma postura com as cadeiras de escritório, que podem mostrar quem é o chefe e quem "sabe mais".
			Na sala de TV, as poltronas podem também contrastar com o sofá, mostrando quem "domina" o controle remoto.

(cont.)

	Desejo de	Teoria	Projeto
12	Romance	sexo e beleza	Pode estar expresso em diferentes espaços, quer na atmosfera criada para o ambiente, em fotos e quadros, ou mesmo em arranjos de flores e cores.
13	*Status*	*status* social	Este desejo pode ser expresso por meio de elementos decorativos, livros sobre a mesa de centro, design de salas, banheiro ou cozinha totalmente modernos ou mesmo num estilo mais tradicional que simbolize sucesso.
14	Honra	honra às tradições	A tradição pode estar representada no estilo adotado para o projeto, em peças, quadros ou imagens que lembrem de "onde" a pessoa veio, mas também nas cores, texturas e atmosfera adotadas.
15	Tranquilidade	paz emocional	Para garantir o bem-estar dos usuários, criar elementos restauradores de energia para permitir que ele "recarregue a bateria" após várias horas gastas em atividades mentais, por exemplo. Janelas com vista para parques ou jardins, quadros com paisagens, fotos de viagens felizes, qualquer elemento que faça com que o usuário "viaje" para algum lugar onde ele se sinta bem, mesmo que somente por um momento.
16	Vingança	vingar-se	Um ambiente com peças de design, móveis antigos de valor ou qualquer outro símbolo de vitória "econômica" e "na vida" pode expressar esse desejo de vingança contra quem não acreditou que seria possível. Pôsteres de times de futebol, por exemplo, festejando a vitória também podem ser um modo de expressar a vingança.

Algumas dicas

A lista a seguir indica alguns elementos que podem ajudar ou prejudicar o nosso humor ou nosso bem-estar, causando estresse. É importante lembrar que outros fatores (problemas familiares, doenças, contrariedades) ou mesmo elementos representados no design podem estimular contrariamente o usuário do espaço e alterar a sensação final de bem-estar ou estresse.

Os projetos serão sempre uma composição de pequenos detalhes e estímulos a serem colocados juntos, buscando um estímulo final que favoreça o bem-estar e a saúde física, mental e social.

✓ GOSTAMOS MAIS DE:

- ambientes com características similares àquelas que já conhecemos (segurança);
- paredes retas e que formem ângulo entre si maior ou igual a 90 graus (similaridade ao que conhecemos);
- ambientes mais quadrados do que retangulares (simetria);
- ambientes grandes; se pequenos, devem ter janelas grandes, cores pouco saturadas e iluminação viva;
- pé-direito entre 2,70 m e 3,00 m para áreas sociais informais;
- forros planos ou no máximo com inclinação de 20 graus (estabilidade);
- ambientes com diferentes alturas de forro, que delimitem diferentes ambientes pelo teto (ajudam a compreender o espaço e a distribuição dos móveis);
- iluminação natural e contato direto com a natureza (melhoram o humor);
- objetos e móveis com formas arredondadas (melhoram o humor);
- olhar as pessoas nos olhos se estamos dispostos a socializar e conversar (interação);
- sentar contra uma parede ou divisória se queremos relaxar ou nos concentrar (segurança);
- ambientes relativamente estimulantes, não previsíveis e com elementos inesperados (estimulam o cérebro);
- quadros, janelas ou qualquer elemento para descansar os olhos enquanto nos concentramos (para recarregar).

☒ NÃO GOSTAMOS DE:

- nos sentir dentro de um ambiente que passe a sensação de "lotado" (estressante);
- ambientes com muita variedade de texturas, padronagem, cores, etc. (estressante);
- ambientes previsíveis e sem interesse (sem estímulo);
- paredes curvas (passam a sensação de ambiente "mais cheio" = estressante);
- sentir que as pessoas invadam nossa distância pessoal (estressante);
- olhar as pessoas nos olhos enquanto procuramos nos concentrar (distração);
- barulho "de fundo" enquanto estudamos, trabalhamos ou precisamos nos concentrar (distração).

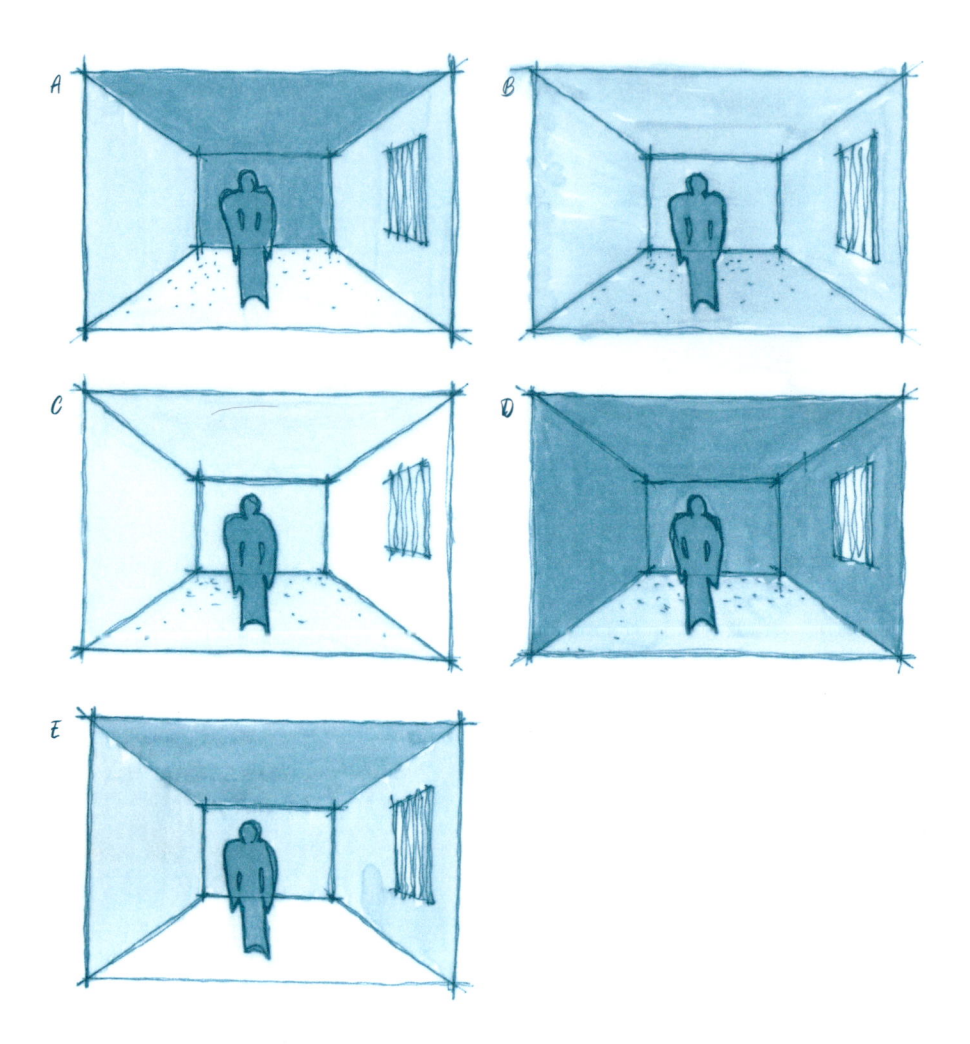

_ FIGURA 3. Para corrigir imperfeições do espaço: A. ambiente parecer mais longo; B. aumentar visualmente um ambiente; C. colocar ênfase numa parede; D. diminuir, compactar visualmente um ambiente; E. rebaixar o pé-direito.

Psicologia do espaço e o Feng Shui

Para o Feng Shui, disciplina tradicional chinesa, uma filosofia que ensina como as energias dentro dos ambientes podem ser utilizadas para melhorar o meio ambiente e o entorno de onde vivemos, as energias que nos rodeiam refletem como nos sentimos e, ao mesmo tempo, afetam nosso comportamento.

> *"Embora o vínculo entre o design de interiores e nossas emoções tenha ganhado muita atenção na última década, essa 'forma' de psicologia ambiental existe há milhares de anos: o Vastu Shastra indiano, o Feng Shui chinês, etc.*
>
> *Por causa do surgimento da neurociência, os cientistas estão fazendo muitas pesquisas sobre esse tópico e encontrando os resultados mais incríveis. Eles mostraram a capacidade dos elementos de design de interiores de evocar uma resposta emocional positiva ou negativa nas pessoas. Essas descobertas abrem as portas para criar espaços que manipulem conscientemente os elementos decorativos com o objetivo de estimular a criatividade, a paz e a felicidade." (Taylor, 2016)*

Para Jan Cisek, nascido na Polônia e atuante em Londres como consultor em Feng Shui, especialista de vanguarda internacional e também especializado em psicologia do espaço, a filosofia chinesa e a disciplina do ramo da psicologia estudam basicamente a mesma coisa, ou seja, como as energias, por meio do meio ambiente, atuariam sobre nós.

Barbara Stewart, autora do livro *Feng Shui: a practical guide for architects and designers*, e já citada anteriormente, é famosa pela sua prática e aplicação de Feng Shui. Ela afirma que as pessoas se sentem muito mais confortáveis em espaços que representem a natureza e que contenham alguns elementos dela na forma natural – por exemplo, pedras sem polimento, madeira sem pintura e grandes janelas com vistas para o exterior (princípios também encontrados no design biofílico).

Para ela, as pessoas se sentem mais felizes quando estão em um meio ambiente que ajude na conexão de mente, corpo e espírito. Ela acredita que designers e arquitetos devem enfocar mais na emoção na hora de criar espaços que "deveriam" fazer as pessoas felizes.

Sugestões de Barbara Stewart (*apud* Weber, 2022):

- PISO: deve representar um caminho de terra natural; portanto, deve ser de uma cor mais escura.
- NÍVEL DOS OLHOS: cores mais neutras.
- TETO: mais claro e brilhante para lembrar o céu.

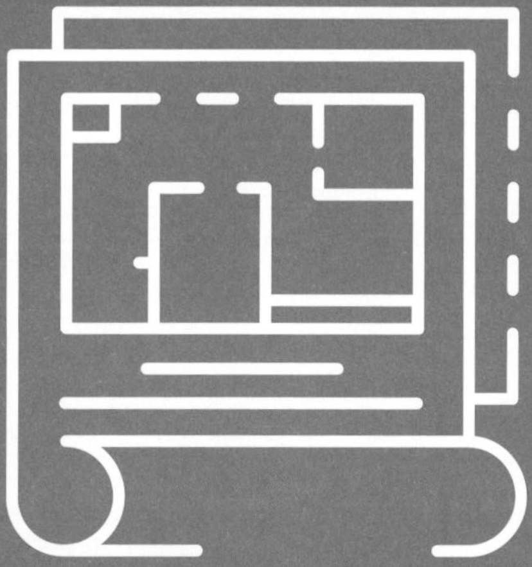

(2)

DESIGN MULTISSENSORIAL

A privação dos sentidos é tão ruim para o cérebro quanto a privação dos movimentos o é para os músculos.

Stefan Behling

Arquitetura e design sempre priorizaram o aspecto visual, ou seja, sempre deram mais ênfase à visão do que a qualquer um dos outros quatro sentidos, e essa hegemonia parece ser bastante difícil de ser substituída.

A busca por uma arquitetura e um design que leve em consideração os cinco sentidos não é novidade, ela vem acontecendo há anos entre pesquisadores e está ganhando cada vez mais espaço entre profissionais da área de arquitetura e design de interiores.

Importante salientar que os sentidos não devem ser pensados individualmente, como vem sendo feito até agora com a visão. Eles estão profundamente inter-relacionados; assim, quando pensamos numa experiência dentro de um ambiente, essa experiência será conseguida somente com a participação de todos (ou quase todos) os nossos sentidos.

Para ler um livro, sentamos numa poltrona (tato) e seguramos (tato) o livro próximo de nós (olfato), precisamos de uma iluminação ideal (visão), continuamos a ouvir (audição) o que acontece ao nosso redor e a sentir (tato) a temperatura do ambiente.
O assunto do livro (visão) ou seu cheiro (olfato) pode aguçar a vontade de tomar um café.

◆ **PORTANTO** Usamos nossos sentidos em qualquer atividade que fazemos. Por que não aumentar, aperfeiçoar a interação que eles já têm?

O arquiteto Stefan Behling, na palestra "Architecture and the science of the senses", explica muito bem os perigos que sofremos quando nossos sentidos não são estimulados pelo meio ambiente (ou nosso entorno).

Segundo ele, o maior perigo que sofremos é a vivência em ambientes artificiais, como os galpões criados no século XX, totalmente isolados do mundo externo, sem janelas ou iluminação natural e com ar-condicionado. Ou seja, sem receber nenhum estímulo vindo de fora, da natureza.

Escritórios, retomando Stefan, teriam seguido a mesma linha, sem nenhuma conexão com o ambiente externo, criando ambientes sem estímulo. Ele ainda enfatiza que pesquisas feitas nos Estados Unidos teriam provado que muito tempo dentro de submarinos (ambientes artificiais) pode levar ao delírio e mesmo à perda de parte da visão de distância, já que ela não é utilizada dentro desse ambiente.

Essa informação nos mostra como é importante para o bem-estar das pessoas o contato com o mundo exterior e a consequente estimulação dos nossos sentidos.

Achamos mais agradáveis estímulos que não são constantes, ou seja, reagimos melhor a uma chuva rápida do que a uma contínua, a uma brisa do que a um vento que não para, gostamos mais de apreciar a mudança da cor do céu durante o dia do que a iluminação constante por luminárias, e assim por diante.

Precisamos estimular nossos sentidos de forma diferenciada durante o dia para que eles nos passem sensações agradáveis e para que funcionem como devem, garantindo assim nossa saúde e bem-estar.

UTILIZANDO OS SENTIDOS

💧 **EXEMPLO** Meu contato com a importância dos sentidos para uma experiência num espaço aconteceu há alguns anos, quando fui ao Sul do Brasil dar uma palestra. A coordenadora do curso me contou uma história incrível: num estudo para saber como as pessoas com impedimento visual (cegas) sentiam a arquitetura e os espaço ao seu redor, elas foram levadas a diferentes locais.

Ao entrarem numa biblioteca, foram questionadas se sabiam onde estavam e a resposta foi "sim", porque sentiam o odor dos livros. Já dentro de uma igreja, disseram que sabiam onde estavam por causa do som que ouviam.

Os sentidos e suas influências sobre nosso comportamento e sensações vêm sendo muito estudados por neurocientistas, psicólogos, antropólogos, etc., que vêm buscando, entre tantos outros questionamentos, entender como e por que reagimos de determinado modo a um ambiente com características específicas. São inúmeros os estudos e livros publicados sobre o assunto.

Podemos dizer que os nossos sentidos podem, entre outros:

- ajudar a passar a sensação de que precisamos para identificar certos ambientes;
- mandar ao cérebro estímulos que determinarão nosso humor e comportamento;
- nos ajudar a "dar o melhor" de nós nas tarefas que realizamos com eles.

As informações aqui descritas são válidas não somente para o design multissensorial, mas também para a psicologia ambiental, neurociência (executora das experiências que comprovam a importância dos estímulos provenientes dos sentidos), neuroarquitetura, neurodesign ou para qualquer outra disciplina que estude ou utilize o estímulo proporcionado pelos sentidos.

Trata-se sempre dos cinco sentidos – visão, olfato, tato, audição e paladar, que transmitem mensagens (estímulos) ao cérebro, influenciando-nos psicológica e cognitivamente.

Processo cognitivo

Etimologicamente, a palavra "cognição" veio do latim *cognitio*, do verbo *conoscere*, que significa conhecer.

A palavra "cognitivo" se refere a tudo que estaria relacionado ao conhecimento que adquirimos por aprendizado ou experiências.

Várias teorias estão associadas à cognição, entre elas as mais conhecidas são a teoria do desenvolvimento cognitivo, de Jean Piaget, a teoria sociocultural, de Lev Vygotsky, e a teoria do processamento de informação, de George Miller e outros psicólogos.

Cognição, no universo deste livro, é a habilidade de se processar informação captada pelos nossos cinco sentidos, por meio da percepção (estímulos), e que é enviada ao nosso cérebro, gerando determinada sensação.

Portanto, simplificando bastante, é o conhecimento adquirido por meio das experiências sensoriais que vivemos (influenciadas, é lógico, por nossas características e vivências pessoais).

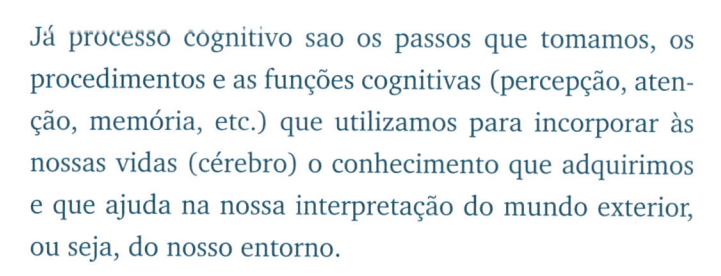

Já processo cognitivo sao os passos que tomamos, os procedimentos e as funções cognitivas (percepção, atenção, memória, etc.) que utilizamos para incorporar às nossas vidas (cérebro) o conhecimento que adquirimos e que ajuda na nossa interpretação do mundo exterior, ou seja, do nosso entorno.

Cada pessoa tem um sentido que utiliza mais do que os outros, seu sentido predominante, mas, na impossibilidade de testar e/ou identificar qual seria o do seu cliente, podemos sempre reforçar a visão.

Nosso sentido dominante seria o caminho mais rápido de acesso e mudança do nosso humor.

Os projetos de arquitetura e design de interiores sempre foram focados mais na visão, ou seja, na estética e no estilo, no que é transmitido a quem vê os projetos prontos.

Devemos ainda considerar que duas pessoas dificilmente reagirão da mesma forma ao mesmo estímulo. Cada um de nós é único e com características diferenciadas, podendo existir também algum problema físico que debilite um ou mais dos sentidos. O problema de enxergar as cores de uma maneira diferente (daltonismo) é um exemplo.

Já vimos anteriormente que somos o resultado do que vivemos no passado, ou seja, somos uma coletânea de memórias e de história que nos influenciam e nos guiam. Essa "bagagem" que carregamos e que levamos onde quer que estejamos vivendo, quando relacionada aos espaços, como já vimos, pode ser chamada de identidade do lugar.

💧 **PORTANTO** A "casa" estará sempre, de uma forma ou outra, relacionada à memória que se possui relativamente às "outras" residências onde se passaram bons e maus momentos. A identidade de lugar influencia no modo com que se reage aos estímulos provenientes dos sentidos, ou seja, ela será diferente para cada indivíduo, será totalmente personalizada.

LEMBRE-SE DA EQUAÇÃO:
MENTE + CORPO + AMBIENTE = EXPERIÊNCIA

Nossos sentidos são afetados por elementos do design, por exemplo:

- iluminação do ambiente;
- configuração interna (paredes, forros, pé-direito, pilares, etc.);
- tipos de materiais e suas características estéticas e sonoras;
- cores das paredes, elementos compositivos, etc.

E também por princípios do design, como:

- equilíbrio;
- harmonia;
- escala;
- proporção.

Utilizando essas ferramentas do design, iremos criar soluções que podem fazer com que sintamos frio, calor, depressão, alegria, energia, e assim por diante, ao estimularem nossos sentidos diferentemente.

É IMPORTANTE SALIENTAR QUE EXISTE UMA INTER-RELAÇÃO ENTRE OS SENTIDOS (NENHUM AGE SOZINHO) PARA QUE UMA SENSAÇÃO TOME "CONTA" DE NÓS.

COMO OS SENTIDOS INFLUENCIAM NOSSO COMPORTAMENTO E PERMITEM VIVER "UMA EXPERIÊNCIA" DENTRO DOS AMBIENTES

♦ **ATENÇÃO** A seguir, descrevemos os sentidos e suas influências separadamente, mas, como já mencionamos, multissensorial quer dizer, pelo menos, mais do que um.

O estímulo provocado por um sentido quando somado a um estímulo de um outro sentido poderá alterar nosso comportamento e nossa emoção, ou seja, poderá alterar completamente o resultado buscado pelo profissional. Poderá:

- ser enfatizado (aumento benéfico);
- ser agravada a sua atuação (aumento desagradável);
- desaparecer ao ser neutralizado por um estímulo mais forte.

Olfato

A aromaterapia é uma prática que utiliza óleos essenciais visando benefício terapêutico, apesar de nem todas as propriedades dos óleos terem sido comprovadas por estudos científicos. Essa prática centenária teria sido um dos primeiros passos na direção do uso de nosso olfato para estimular o cérebro e alterar nosso estado de espírito.

Estudos verificaram que nosso olfato estaria no auge de sua capacidade aos 8 anos de idade e, a partir daí, iria diminuindo (Fox, [s. d.]).

O olfato pode "fazer milagres". É por meio dele que relembramos o passado num instante, apenas com alguém cruzando nosso caminho com um perfume que nos faz lembrar uma época boa ou má de nossa vida. Ele pode fazer a mente "voar" para momentos distantes e felizes ou ainda alterar o humor completamente ao sentirmos um cheiro do qual não gostamos. Os "aromas" podem ser mágicos.

Isso acontece porque o olfato, as emoções e as memórias são processadas quase que no mesmo local do cérebro e, por isso, as memórias trazidas pelos cheiros seriam muito mais detalhadas do que aquelas estimuladas pelos outros quatro sentidos.

Algumas características são "óbvias", como o fato de todo cheiro bom nos agradar e nos fazer bem, enquanto um odor ruim pode nos irritar imediatamente. Entretanto, cientistas afirmam que quando sentimos um cheiro ruim ele acaba nos estimulando porque o cérebro reage imediatamente querendo saber de onde vem e como acabar com ele.

Os anos 1970 foram o auge dos incensos indianos, quando se acendiam os potentes aromas para principalmente encobrir "outros" odores que poderiam causar problemas com a família ou a polícia, ou ainda para estimular a meditação, que estava no auge da moda.

As velas aromáticas vêm sendo muito utilizadas há muitos anos, mas, como devem ser "acesas", algumas famílias com crianças passaram a preferir a utilização de difusores que exalam um vapor com o aroma desejado.

♦ **ATENÇÃO** A utilização de difusores para óleos essenciais entretanto deve, segundo John Hopkins Medicine, ser adotada com cuidado, porque um óleo que seria bom para um ambiente (onde uma pessoa trabalha, por exemplo) pode não ser adequado para os usuários de outro, o que poderia causar problemas, já que os aromas se propagam pelos espaços vizinhos.

A forma como percebemos os aromas pode variar quanto a idade, gênero, grupo étnico e cultural, experiências de vida, etc.

O relatório "The smell report: an overview of facts and findings", de Kate Fox, diretora do Social Issues Research Centre, traz uma série de dados importantes e interessantes que têm sido utilizados por vários autores na definição de como os aromas podem nos ajudar psicologicamente. Algumas das descobertas são apresentadas neste capítulo.

🞄 **ATENÇÃO**

- O que para um é aroma agradável, para outro pode ser desagradável.

- Como avaliamos os odores depende de nossa memória com relação a ele.

- Não sobrecarregue o aroma num ambiente, ele deve ser quase imperceptível.

Como acrescentar um aroma na arquitetura de interiores e no design?

- A utilização de velas, incensos ou difusores depende dos usuários do espaço. Como profissionais, podemos somente orientar os clientes sobre quais as essências devem ser aplicadas nos ambientes para criar uma experiência dentro deles.

- Escolhendo elementos arquitetônicos ou materiais, como madeira para o piso ou mobiliário, que emitam um aroma favorável ao estímulo que deveremos favorecer. O cedro, por exemplo, relaxa, acalma e reduz a tensão.

- Como arquitetos e designers, podemos posicionar as janelas segundo as correntes dos ventos, criando ventilação cruzada (ver meu livro *Design passivo*) e favorecendo brisa dentro dos ambientes.

- Vasos ou floreiras com plantas (que emitam os aromas desejados) posicionados diretamente na corrente do vento possibilitam que o aroma seja "levado" para dentro dos ambientes. O design biofílico, que veremos a seguir, estimula a utilização de plantas nos espaços. Essas plantas podem ter aromas como o floral, que favorece o bom humor.

- Áreas sob escadas e no caminho das brisas podem ser outra opção para plantas com odores que agradem o cliente (veja mais adiante).

- Paredes verdes ou floreiras, na frente das janelas dos dormitórios, com lavanda ou jasmim (bom sono), por exemplo, podem ser uma forma de ajudar um cliente que não dorme muito bem.

- Uma área externa com plantas e flores pode ser outra maneira de acrescentar odor ao projeto.

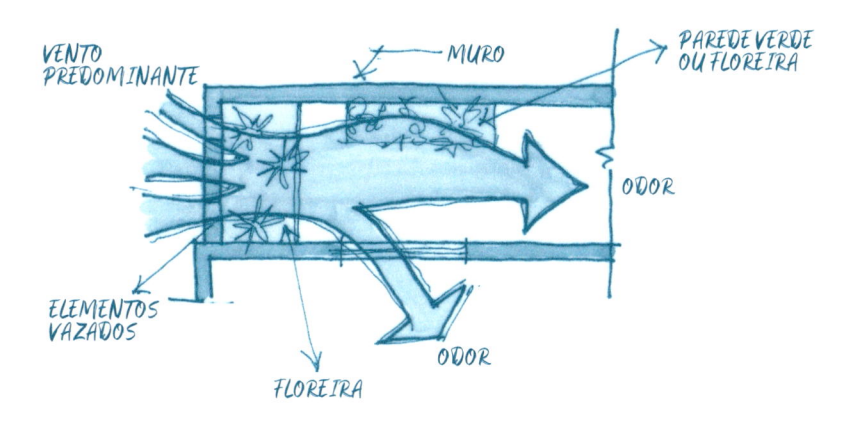

_ FIGURA 1. Vento canalizado num corredor por elementos vazados (permitem segurança e privacidade) pode ser aproveitado para levar um aroma agradável para dentro dos ambientes. Podem ser utilizadas floreiras, paredes verdes ou vasos.

SABE-SE QUE:

- Se o aroma for fraco, sentiremos seu cheiro e, depois de alguns minutos, nos "acostumaremos" e, assim, ele continuará a estimular nosso humor sem que realmente nos incomode.
- Essências florais para melhorar o bom humor são bem aceitas pela maioria das pessoas.
- Homens preferem cheiros de especiarias enquanto mulheres preferem florais.
- A maioria das pessoas gosta do cheiro de talco de bebê.
- Essência de limão picante é excelente em cozinhas para neutralizar os odores das comidas.

CHEIRO BOM = BOM HUMOR = MAIOR AGILIDADE E CAPACIDADE MENTAL, E MAIOR CONFIANÇA PESSOAL

AROMAS AGRADÁVEIS podem:

- Aumentar a sensação espacial, fazendo o ambiente parecer maior, mais fresco e brilhante. Aromas florais e de baunilha não muito fortes são opções fáceis de agradar a maioria das pessoas.

- Diminuir a sensação de dor que sentimos. Para isso, podem ser aplicados, por exemplo, em dormitórios ou espaço onde permanecem clientes com problemas de saúde. Aroma de talco de bebê é uma boa opção.

- Estimular a começar bem o dia, por exemplo, optando por aromas cítricos.

- Aprimorar a qualidade do sono e a performance mental do dia seguinte. Plante jasmim próximo às janelas que ventilem o dormitório, ou mesmo utilize um vaso com a planta dentro do banheiro ou do dormitório (garanta ventilação).

- Estimular conversas. Pode ser alcançado com tomilho, pinho ou manjerona.

- Melhorar a memória. No escritório ou sala de estudos por exemplo, coloque uma floreira ou vaso com alecrim na janela por onde passa o vento ou, ainda, num local onde pode ser tocado, mesmo que levemente, pois imediatamente a planta emitirá um gostoso aroma.

- Aumentar a criatividade pode ser conseguido com qualquer aroma que nos deixe "de bem com a vida" ou principalmente canela e baunilha.

- Alterar nosso julgamento. Portanto, evite aromas agradáveis "propositais" em escritórios de advogados, júris ou local onde seria feito qualquer tipo de julgamento. Escolha com bastante cuidado.

- Melhorar o desempenho nas tarefas de trabalho. No escritório ou home office, use fragrâncias agradáveis, principalmente a estimulante hortelã-pimenta (*peppermint*), que aumenta o estado de alerta e, assim, o desempenho.

- Aumentar o desempenho nas tarefas criativas de resolução de problemas. Algumas opções são lavanda e canela com baunilha.

- Favorecer a concentração, com aromas florais.

- Desfavorecer a concentração também é possível. Galaxolide é um musk sintético utilizado em fragrâncias e tem aroma que, comprovadamente, pode diminuir a concentração e fazer com que as tarefas a serem realizadas levem muito mais tempo.

PORTANTO Investigue com o cliente antes quais são os aromas de que ele gosta e que tipo de memórias trazem (devem ser bastante positivas). Questione as opções que ele gostaria de aplicar no projeto (madeira para móveis, piso, forro, por exemplo) para saber se causariam qualquer tipo de divergência quanto ao estímulo.

Audição

Arquitetura invisível é um termo criado por Richard Mazuch (arquiteto londrino) e significa "projetar para criar uma experiência, não uma aparência", para ter espaços que soem tão bem quanto o seu visual, que sejam adequados à sua finalidade, que melhorem a nossa qualidade de vida, nossa saúde e bem-estar, nosso comportamento social e nossa produtividade. (Treasure, 2012)

A música seria o mais poderoso som que existe por ser de fácil reconhecimento e rápida associação.

Nossos ouvidos e cérebro estão sempre alertas, mesmo enquanto dormimos. Essa seria a razão para acordarmos com qualquer barulho, nosso instinto de preservação da vida. Nossos ouvidos procuram garantir nossa segurança.

Mas não é somente assim que funciona a influência dos sons em nosso dia a dia, eles podem fazer muito mais para o nosso conforto ou desconforto.

Sabe-se que diferentes sons podem nos influenciar biologicamente, ou seja, podem alterar nosso batimento cardíaco, que altera nossa respiração e assim influencia nosso comportamento e nossas atitudes. Imagine uma criança vivenciando o barulho de trovões e a imediata mudança para um estado de medo e vulnerabilidade.

Ouvir música pode fazer nossa mente voar para outro mundo, para a lembrança de momentos felizes. Algumas podem fazer chorar por emoção ou tristeza.

Nossas reações sempre estarão ligadas a influências culturais e, principalmente, à nossa memória, com lembranças que podem dar a uma música um sentido totalmente pessoal.

Segundo o documentário *Psychology of sound*, produzido pelo canal televisivo CBC (Canadian Broadcasting Corporation), "a música ativaria uma área grande do cérebro, incluindo os sistemas auditivo, motor e límbico.[2] Pesquisas demonstraram que a música aciona o cérebro a liberar dopamina, a química do "sentir-se bem", para as partes do cérebro que têm sido associadas à resposta aos estímulos prazerosos. Podemos dizer então que a música seria uma droga para a felicidade totalmente natural.

---

[2] Complexo sistema de nervos e redes no cérebro, envolvendo várias áreas próximas à borda do córtex relacionadas com o instinto e o humor. O sistema límbico controla as emoções básicas (medo, prazer, raiva) e impulsos (fome, sexo, domínio, cuidado com a prole).

Influências do som

Em uma de suas palestras, Julian Treasure, especialista inglês em som e comunicação e autor premiado, afirma que o som nos influencia de quatro diferentes modos.

- **FISIOLOGICAMENTE**: pode alterar o batimento cardíaco, a respiração e as ondas cerebrais, tanto para o lado do estresse (sons altos, repentinos, inesperados, etc.) como para o lado do relaxamento (ondas do mar, vento que faz mexer as folhas das árvores, por exemplo).

  » Segundo o ritmo (a batida): para classificar uma música como rápida ou lenta, é utilizada como parâmetro a velocidade de nosso batimento cardíaco. Em repouso/relaxado, é de 50 a 70 batimentos por minuto.

  Isso porque, como já dissemos, nosso batimento cardíaco tende a sincronizar com o ritmo (batida) da música ao nosso redor.

  - **MÚSICA CALMA E RELAXANTE**: ritmo entre 30 e 50 batidas por minuto.
  - **MÚSICA MODERADAMENTE RELAXANTE**: ritmo com batida igual à do nosso coração em repouso.
  - **MÚSICA REVIGORANTE**: ritmo com batida superior à do nosso coração.

  O som das ondas na praia, por exemplo, tem ritmo relaxante, já o ritmo dos tambores da banda Olodum é rápido, vibrante.

- **PSICOLOGICAMENTE**: músicas, sons da natureza e som de pássaros atuam no nosso estado emocional ao associarmos, inconscientemente, o som às memórias boas ou ruins. Músicas instrumentais podem ajudar a reduzir o estresse.

» Segundo o tom: a classificação de um tom grave ou baixo parece óbvia, pois sabemos por meio da experiência pessoal como nos sentimos ao ouvi-las.

- TONS BAIXOS: podem deixar o humor sombrio.
- TONS MÉDIOS (como os de violão acústico e harpa) ou alguns tons baixos: ajudam a relaxar.
- TONS GRAVES (como os de violino): podem ser revigorantes, energizando os ouvintes e deixando o espírito leve, brincalhão.

◉ COGNITIVAMENTE: sons indesejáveis interferem na captação de informação pelo cérebro e a consequente formação de memória. Sons como aqueles de escritórios abertos podem atuar de forma bastante negativa, fazendo com que a produtividade diminua consideravelmente. Por outro lado, música ambiente agradável pode aumentar a eficiência dos ouvintes.

◉ COMPORTAMENTAL: sons inapropriados podem fazer as vendas caírem até 24% ou mesmo inspirar atitudes desagradáveis ou violentas. Já sons energizantes podem promover comportamentos bons ou indesejados, principalmente quando está presente a bebida alcoólica. Foi comprovado que homens ouvindo músicas de que gostam acabam trabalhando por um tempo 30% maior; já as mulheres, somente 25% a mais. Praticar exercícios físicos parece ficar mais fácil ao som de música agradável.

Um dos maiores problemas que vêm sendo estudados quanto à audição como contribuinte para o nosso bem-estar e qualidade de vida é o enfrentado principalmente por professores e alunos nas escolas e por pacientes em hospitais.

Segundo ainda Julian, as salas de aula não vêm sendo projetadas cuidadosamente quanto à sua acústica, ou seja, não existem tratamentos para evitar a propagação do som interno, o que acaba prejudicando completamente a compreensão sobre o que está sendo falado pelo professor. A experiência dos alunos não é agradável.

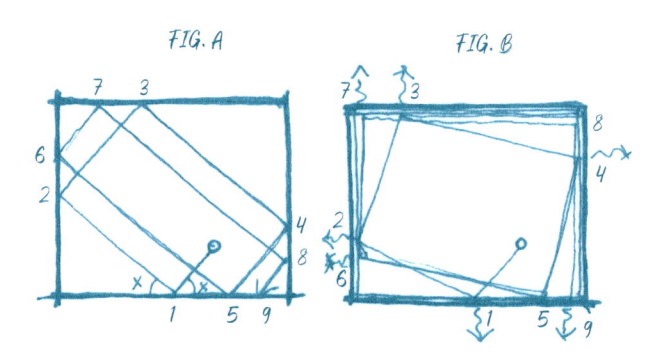

_ FIGURA 2. A figura A mostra, esquematicamente, o trajeto das ondas sonoras num ambiente sem proteção acústica. Nessas condições, o ângulo de incidência das ondas sonoras nas superfícies seria o mesmo com que elas refletiriam, o que favorece maior reverberação. A figura B, também esquemática, mostra o trajeto das ondas num ambiente com tratamento acústico nas paredes, teto e piso. Elas batem nas superfícies com um ângulo e reverberam com outro ângulo menor, já que parte das ondas são absorvidas pelo tratamento acústico. Portanto, as ondas reverberam muito menos, causando menos barulho dentro do espaço.

Os movimentos internos, as cadeiras que são arrastadas, os estudantes que conversam e demais ruídos acabam reverberando, ou seja, refletindo em todas as superfícies, que, por sua vez, não absorvem o som, causando um barulho que se mistura às palavras do professor e as tornam incompreensíveis.

Nos hospitais, acaba acontecendo o mesmo e, segundo ainda Julian, o som dos equipamentos que marcam nosso batimento cardíaco, respiração e outros dados acaba sendo ouvido tão alto que estimularia os doentes negativamente, ou seja, estaria dizendo a eles: "Vocês estão em perigo".

Para o especialista, essa postura de "não se cuidar da acústica" tem que mudar, e não somente em estabelecimentos profissionais, mas também em residências.

A importância do cuidado com a acústica dos ambientes está expressa também na arquitetura auditiva (aural), que se refere às propriedades de um espaço que podem ser experimentadas por meio do "ouvir", ou seja, com a criação de uma experiência também dentro de um espaço arquitetônico.

"Arquitetos aurais focam em como os ouvintes (usuários) experimentam (vivem) o espaço."
(Blesser; Salter, 2009, p. 5)

No livro *Spaces speak, are you listening? Experiencing aural architecture*, Barry Blesser e Linda-Ruth Salter apresentam uma coletânea de estudos e pesquisas realizadas em diferentes disciplinas junto a arquitetos, cientistas, engenheiros e estudiosos.

Para os autores, o aural (auricular) juntamente ao visual fazem referência à experiência humana de escutar e ouvir, sendo responsável por:

- sentirmos os eventos da vida;
- auditivamente visualizarmos a geometria espacial;
- propagar os símbolos culturais, estimular emoções;
- comunicar informações auditivas;
- experimentar o movimento do tempo;
- construir relações sociais;
- formar memórias de diferentes experiências.

Ainda segundo eles, arquitetos e designers vêm criando ambientes sem se preocupar realmente com a qualidade acústica dos materiais e formas, e a consequente experiência vivenciada dentro deles. Um local com acústica pobre será um local com uma experiência também pobre.

♦ **PORTANTO** É necessário criar uma consciência espacial auditiva porque só assim seremos capazes de identificar as mudanças sonoras no ambiente e as experiências comportamentais e emocionais vivenciadas nele.

NA ARQUITETURA DE INTERIORES

Nas residências, cada cômodo acaba tendo seu som característico. Lavanderia, cozinha, quarto de brinquedos, salão de jogos, living, banheiros, dormitórios, ou seja, cada ambiente irá, por si, produzir ruídos que poderão ou não incomodar o cômodo ao lado.

São inúmeros os recursos que arquitetos e designers têm à disposição para sanar o problema acústico.

- Forros acústicos ou que absorvam mais o som do que uma simples laje de concreto.
- Isolamento acústico nas paredes internas (estruturas metálicas ou de madeira com gyproc, por exemplo).
- Janelas com vidros duplos ou triplos para bloquear os ruídos vindos da rua ou dos vizinhos.
- Materiais sólidos, com massa.
- Linhas mais curvas do que ângulos de 90 graus.
- Pisos que absorvam o som (evitar materiais brilhantes, opte por foscos).
- Superfícies com texturas e foscas.

Além de outras tantas opções de materiais que vêm sendo desenvolvidos com o avanço tecnológico (a pesquisa é a alma do negócio!).

NO DESIGN DE INTERIORES

Os problemas mais comuns em residências são as salas de TV ou o home theater, que não devem receber piso polido brilhante, nem mesmo móveis ou portas de vidro. Esses dois materiais aumentam muito a reverberação dentro do espaço. As cozinhas abertas em residências com muitas crianças também não devem receber materiais polidos brilhantes, pois o barulho das brincadeiras, "vozes" e correrias pode ser aumentado consideravelmente.

Algumas outras escolhas podem ser feitas para amenizar ruídos.

- Cortinas grossas para cobrir os vidros das janelas.
- Tapetes grossos sobre pisos de madeira, cerâmica, etc.
- Texturas nas almofadas e tecidos em geral.
- Plantas podem também ajudar a "alterar" a direção das ondas sonoras.
- Móveis foscos, como as demais superfícies. Evite ao máximo superfícies polidas ou brilhantes.
- Boa vedação de portas e janelas.
- Portas duplas podem ser uma solução.
- Vedação de dutos do ar-condicionado para evitar que se ouçam as conversas em ambientes diferentes.
- Verificar o nível de ruído produzido pelos eletrodomésticos, como geladeira, fogão e exaustor para a cozinha. O mesmo vale para a lavanderia e exaustores dos banheiros.

- Home office, escritório ou sala de estudo devem ser silenciosos, portanto cheque também o nível de ruído das impressoras e de qualquer outra tecnologia que seja utilizada.

- O home theater ou a sala de TV não deve incomodar os outros ambientes, assim como nenhuma televisão que funcionar durante à noite ou em horários de estudo de um membro da família.

E tantas outras soluções.

PORTANTO No caso do som, as características acústicas dos ambientes PRECISAM ser aprimoradas para que se entenda o que está sendo dito dentro deles, para que se tenha paz para desenvolver um pensamento, para que as pessoas se recuperem mais depressa, para ser criativas, principalmente produtivas e sem estresse adicional.

Somente desta forma poderemos aumentar realmente o bem-estar, a saúde mental e física e a capacidade produtiva das pessoas.

As músicas, segundo o gosto pessoal do usuário, poderão então ser "adicionadas" aos ambientes para, num entorno com conforto sonoro, serem ouvidas e ajudarem na criação de uma experiência com melhoria do humor, da concentração e da produtividade.

Visão

💧 **FATO** Lembro de um amigo que, falando sobre sua experiência como designer de interiores, contava como era triste ter de acabar um projeto e tirar imediatamente as fotos para seu portfólio porque, se esperasse uns meses, o projeto estaria cheio de coisas que ele não havia colocado. Seus clientes sempre acabavam "mudando" muita coisa e colocando novos objetos dos quais ele não gostava.
Na realidade, ele deveria ficar triste porque não alcançou a personalização do ambiente ao nível de seus clientes se sentirem "pertencentes" ao espaço que criou. Por essa razão, as pessoas acabam colocando itens que trazem memórias boas, que os conectam com o ambiente, que refletem seus desejos "de pertencer", "de se vingar", etc., como vimos anteriormente.

A visão é considerada "o" mais importante dos sentidos para a maioria das pessoas, principalmente em profissões como a arquitetura e o design.

Damos muito valor à visão. A comprovação disso está na valorização extrema da "estética" não somente na arquitetura e no design de interiores, mas também na moda, no design de produtos, etc.

Gostamos do que é "belo" (gosto é pessoal!), gostamos de expressar nossa ligação com modismos como sinal de pertencimento ao grupo "dos famosos", dos "chiques", dos "sintonizados" com o que está acontecendo e, para completar, a globalização está infelizmente fazendo com que tudo pareça igual, não importa o país, a cultura, a época, etc.

As casas internamente parecem quase as mesmas pelo mundo afora, todo mundo está buscando o que é moda na Itália, na Escandinávia, etc., e repetindo, sem se dar conta se aquele estilo, aquele móvel, aquela solução de design será realmente o mais apropriado para o cliente, ou mesmo se ele se sentirá bem no futuro, dentro daquele espaço.

Pode ser que o cliente peça uma solução que viu numa revista ou num *site*. Como profissionais, devemos adverti-lo caso a solução escolhida por ele não seja a ideal para seu ambiente, segundo as suas características pessoais e psicológicas.

O que gostaríamos de dizer com isso, é que, por exemplo, um ambiente "totalmente" minimalista não seria a melhor opção para a grande maioria das pessoas latinas, como nós, brasileiros.

Por quê? Porque nossa cultura é diferente da escandinava. O Carnaval, por exemplo, está na alma do brasileiro e não tem NADA de minimalista, pelo contrário. Nos sentimos bem (pelo menos a maioria dos brasileiros) com cores, alegria, música, sol e vida, objetos, etc.

Dentro de um ambiente totalmente minimalista poderia faltar "a vida", as cores, a alma brasileira.

● **PORTANTO** Às vezes será necessário "adaptar" um estilo para as características culturais e psicológicas de quem usará o espaço. Os moradores devem "pertencer" à sua casa, devem "se ver" dentro dos espaços.

Precisamos ser mais conscientes sobre a influência que nosso entorno causa em nós. O que vemos nos passa uma mensagem, e ela deve nos ajudar a melhorar nossa qualidade de vida, deve nos estimular na direção certa, deve complementar a nossa "experiência" dentro do ambiente, e não nos trazer inquietude, estresse, desconforto.

Exemplos de influenciadores visuais num ambiente

_Cor

No meu livro *Projetando espaços – guia de arquitetura de interiores para áreas residenciais*, escrevi vastamente sobre cores e sua influência psicológica e efeitos nos ambientes. Neste livro, vamos focar mais nas emoções e na percepção dos espaços, e em como elas podem nos ajudar em nosso bem-estar e em nossa saúde física, mental e social.

A cor seria um dos primeiros contatos entre nossos olhos e um ambiente ou objeto.

"Psicologia das cores é um estudo psicológico que investiga como o cérebro humano reconhece as cores existentes e as transforma em emoções ou sensações. Aliado aos conhecimentos da Teoria das Cores, viabiliza a compreensão sobre a influência das cores em nossos sentidos e em nossas emoções."
(Psicologia das cores, 2018)

AS CORES PODEM ALTERAR:
- o nosso estado de espírito, humor;
- como sentimos o ambiente onde estamos, ou seja, as nossas sensações;
- as formas e tamanho de objetos, mobiliário e ambientes.

A INFLUÊNCIA DAS CORES SERÁ PROPORCIONAL:
- à quantidade de cores;
- ao tamanho dos objetos;
- às dimensões da área onde for aplicada.

AS CORES PODERÃO ESTAR APLICADAS:
- nas paredes e no teto;
- no revestimento do piso;
- nos revestimentos de armários e mobiliário (por exemplo, cada madeira tem uma cor diferente);
- nos elementos compositivos ou decorativos.

Embora algumas características e sensações causadas por algumas cores possam ser consideradas "universais", elas poderão ter seu significado alterado:

- por experiências pessoais e memórias relacionadas a ela. Como sabemos, criamos memórias das emoções, dos momentos bons e ruins e podemos muito bem associar uma dessas lembranças inconscientemente à cor da roupa, do carro, e assim por diante;
- segundo a idade, o sexo, a cultura dos usuários;
- por características étnicas.

Muito já foi pesquisado sobre a influência psicológica das cores diretamente nas nossas emoções e sensações, algumas conclusões foram totalmente satisfatórias e outras nem tanto. Por esse motivo, devemos estar sempre prontos para novas descobertas nessa área.

EXEMPLO DA FUNÇÃO DAS CORES NO DESIGN DE INTERIORES

- Influenciar nosso estado físico e mental.
  - » Defina com o cliente qual a preferência quanto ao estímulo dentro dos ambientes, pois somente assim será possível ajustar a cor corretamente. Entram "em cena", na hora da escolha, características das personalidades dos usuários (agitado, dorminhoco, calmo, tristonho, etc.).

- ⊙ Ajudar na composição da atmosfera e no caráter do ambiente.
  - » Cores quentes podem dar mais aconchego do que cores frias. Escolha a atmosfera e o caráter e, depois, adapte as cores que ajudariam na criação deles, associando-as aos estímulos que devem ser criados para possibilitar a experiência desejada.
- ⊙ Alterar "visualmente" as proporções de um determinado espaço e corrigir imperfeições arquitetônicas.

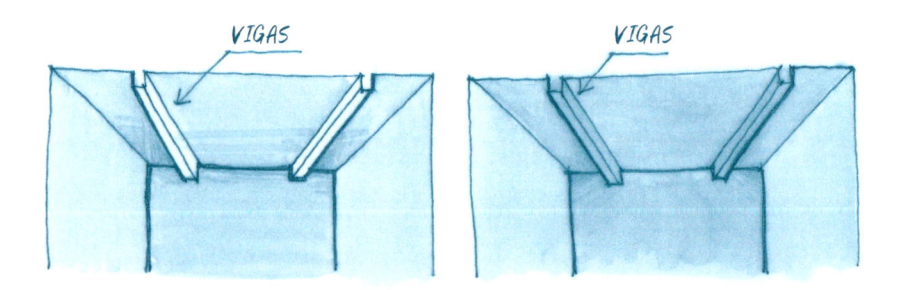

_FIGURA 3. As figuras mostram que podemos "esconder" as vigas se as pintarmos com a mesma cor do teto (não necessariamente também as paredes) ou fazer com que passem a ser um ponto de interesse utilizando uma cor diferente. A mesma técnica pode ser utilizada para os "necessários" ventiladores de teto. Na mesma cor do teto, tendem a desaparecer visualmente, e numa cor diferente passam a ser parte dos elementos compositivos, pois terão força visual.

- Aquecer ou esfriar (temperatura) "visualmente" um ambiente.
  - » Utilizando cores quentes ou frias podemos adicionar calor ou frio "visual" ao projeto. Sabemos que em ambientes frios nos sentimos mais energizados do que em ambientes quentes, que podem diminuir nossa energia física, ou mesmo provocar sono. Devemos sempre lembrar que o estímulo final do ambiente será a somatória dos estímulos oferecidos pelo design criado.
- Valorizar e criar centros de interesse.
  - » Podemos utilizar as cores que escolhemos em elementos de interesse para nos estimular de determinado modo – por exemplo, dispondo um vaso grande com limões sicilianos (amarelos) na mesa do café da manhã (ajudaria a estimular o cérebro logo de manhã). Podemos ainda criar uma parede de destaque que nos ajude a não olhar para um sofá que o cliente "tem que manter" mas não gosta.
- Alterar o peso ou o tamanho de objetos ou móveis.
  - » Caso exista um sofá, por exemplo, que "deva" ser utilizado no projeto mas é muito grande, podemos diminuir visualmente seu tamanho cobrindo-o com um tecido predominantemente em cor(es) fria(s). O inverso vale para um muito pequeno.

_FIGURA 4. Numa composição assimétrica, podemos acertar o equilíbrio alterando a cor dos objetos.

_Tipos de cor

SEGUNDO PESQUISAS, A SATURAÇÃO E O BRILHO DE UMA COR INFLUENCIAM MUITO EM COMO RESPONDEMOS EMOCIONALMENTE (RESPOSTA INSTINTIVA) A ELA: O BRILHO INFLUENCIA MAIS DO QUE A SATURAÇÃO.
AS MULHERES TENDEM A SER MAIS INFLUENCIADAS PELO BRILHO E SATURAÇÃO DO QUE OS HOMENS. (COLOR EFFECT..., 2020)

Matizes = cores puras

Tonalidade = cores + branco = tonalidades pastel
cores + preto = sombras, tons encorpados, ricos e escuros

Saturação = cores + cinzas = cores acinzentadas

_Significado psicológico das cores

Segundo a pesquisa "Color effect on emotions", realizada por Valdez e Mehrabian,

SATURAÇÃO SE REFERE A QUANTO A COR É PURA. QUANTO MAIS SATURADA, MAIS PRÓXIMA DA COR ORIGINAL E MAIS VIVA; QUANTO MENOS, MAIS TURVA.

BRILHO SE REFERE A QUANTO A COR É CLARA OU ESCURA (VAI DE MUITO CLARA A MUITO ESCURA).

- Quanto mais claras (brilhantes, com branco) e saturadas (vivas, sem cinza), mais agradáveis e menos energizantes.
- Cores claras (pouco brilho) e saturadas melhoram nosso humor.
- Quanto mais saturadas mais estimulam, energizam mais.

- Cores muito fortes, brilhantes e saturadas podem impedir a concentração ou mesmo alterar a percepção dos elementos dentro do espaço.

_Temperatura

- **CORES QUENTES**: são aquelas que lembram as cores do céu do amanhecer ao pôr do sol, ou seja, são, no círculo cromático, os amarelos sem nada de verde, os laranjas, os vermelhos e os mais avermelhados violetas.

  Elas alteram a sensação de calor sentida por quem fica no ambiente: a percepção da temperatura será maior do que a real.

  » Cores quentes, em geral, devem ser utilizadas em ambientes onde será preciso um pouco mais de energia, mas em excesso poderá "esquentar" visualmente o ambiente, estimulando o oposto.

  » Cores quentes, saturadas e não muito claras são excitantes e podem ser utilizadas para energizar as pessoas, embora não sejam muito agradáveis.

- **CORES FRIAS**: são aquelas que lembram o céu, o mar, as florestas. No círculo cromático, vão dos verdes ligeiramente amarelados, todos os azuis e passam pelos violetas até o menos avermelhado dos violetas.

  Elas refrescam, fazendo com que os usuários se sintam dentro de um ambiente com temperatura menor do que a real. Em ambientes mais frios (temperatura) nos sentimos mais estimulados, com menos sono.

- » Cores frias, em geral, são ideais para ambientes onde se deseja estar calmo e relaxado. Estão associadas à serenidade, à racionalidade e ao profissionalismo.

- » Cores frias, acinzentadas (pouca saturação) e claras não são excitantes e podem acalmar e relaxar os usuários. São muito agradáveis.

_As cores e nossa reação nos ambientes

⊙ VERMELHO
- » Favorece a concentração.
- » Saturado e não muito claro: excitante mental e físico.
- » Estimula o apetite.
- » Pode ter influência negativa quando em grandes áreas e em ambientes onde se realizam tarefas intelectuais, pois poderá estimular muito e criar agitação.
- » Muitas paredes nessa cor podem deixar o ambiente irritante e até mesmo claustrofóbico.
- » Associado a confiança e alta intensidade.

⊙ VERMELHO BRILHANTE
- » Estimulante.
- » Associado a paixão, sexo e perigo.

⊙ MAGENTA
- » Cor viva e positiva.
- » Encoraja a introspecção.
- » Induz transformação e mudanças.
- » Evite utilizar esta cor com pessoas impacientes ou que sofrem com ansiedade.
- » Associada a harmonia, mudança e caráter.

- **ROSA (PINK)**
  - Tranquiliza.
  - Reduz ansiedade.
  - Associada a empatia, romance, sinceridade e companheirismo.
- **LARANJA**
  - Adiciona tensão se você sentir que o tempo está passando devagar.
  - Incentiva a atividade.
  - Estimula a sociabilidade.
  - Aumenta a criatividade e espontaneidade.
  - Induz o apetite.
  - Antidepressiva.
  - Associada a movimento, desejo de ação e excitação.
- **LARANJA PÊSSEGO**
  - Associada a amizade, alegria, confiança.
- **AMARELO**
  - Estimula o intelecto e a curiosidade.
  - Facilita decisões difíceis e fornece clareza de pensamento.
  - Favorece novas ideias e modos de fazer as coisas.
  - Estimula o sistema nervoso.
  - Aguça a memória e a concentração.
  - Incentiva a comunicação.
  - Associado a energia, otimismo e estímulo.
- **VERDE**
  - Encoraja.
  - Estimula o equilíbrio em ambientes de grandes decisões.
  - Relaxa.
  - Revitaliza.

- » Representa a natureza.
- » Tons claros refrescam.
- » Associado a harmonia, cura, equilíbrio e estabilidade.

- ⊙ **VERDE AMARELADO**
  - » Associado à dominância.

- ⊙ **AZUL ROYAL**
  - » Acalma.
  - » Reduz o estresse.
  - » Relaxa.
  - » Passa sensação de segurança.
  - » Estimula a ordem.
  - » Saturado e escuro em grandes áreas pode deprimir.
  - » Associado a estabilidade, segurança e profissionalismo, serenidade e confiança.

- ⊙ **AZUL-CELESTE**
  - » Acalma.
  - » Chama a atenção.
  - » Estimula a criatividade.
  - » Sugere precisão.
  - » Associado a confiança, sabedoria, liberdade e alegria.

- ⊙ **ROXO**
  - » Acalma a mente e os nervos.
  - » Leva à introspecção.
  - » Gera uma sensação de espiritualidade, sabedoria, independência.
  - » Incentiva a criatividade e a imaginação.
  - » Associado a riqueza e realeza.[3]

---

[3] O roxo é associado à realeza no Brasil. Para os antigos, está associado à morte. Para os hindus, associa-se à terceira visão.

- **ROXO-ESCURO**
  » Pode entristecer e trazer frustração.

- **BRONZE**
  » Suaviza.
  » Motiva.
  » Chama a atenção.
  » Inspira.
  » Associado a suporte, lealdade e estabilidade.

- **MARROM**
  » Estabilidade.
  » Enraíza, "dá" chão.
  » Sensação de proteção.
  » Associado a cor da terra, simplicidade, firmeza.

- **CINZA**
  » Enfatiza a vontade de obedecer.
  » Cria expectativas.
  » Reduz a energia de outras cores.
  » Fornece uma sensação de isolamento e alienação.
  » Associado a compromisso e controle.

- **PRETO**
  » Sofistica e enfatiza o "poder", elegância e formalidade.
  » Cor excêntrica.
  » Usada em excesso pode deprimir.
  » Diminui o tamanho dos objetos e do espaço.
  » Associado a morte, escuridão e noite.

- **BRANCO**
  » Aumenta o tamanho dos objetos e amplia espaços.
  » Sensação de limpeza, neutralidade e segurança.
  » Associado a inocência, fé, pureza e claridade.

_Esquemas cromáticos

- **MONOCROMÁTICO:** tonalidades de uma só cor (mais branco ou mais preto).
  - » Relaxante.
  - » Branco ou bege criam ambientes desestimulantes, aumentam a tensão, são desinteressantes (é preciso variar muito as texturas e padronagens para gerar interesse), podem gerar sensação de inquietude e nos deixar muito suscetíveis emocionalmente.

- **CONTRASTANTE:** cores opostas no círculo cromático.
  - » Excitante.

- **CONTRASTANTE:** cor + análogas da oposta.
  - » Confortável.

- **ANÁLOGO:** cores próximas no círculo cromático.
  - » Menos vivo e relativamente calmante.

_Quanto as cores podem alterar a percepção visual

PESO E TAMANHO DE UM OBJETO

- Cores escuras e quentes aumentam o peso e o tamanho de um objeto.
- Cores claras tendem a diminuir visualmente o peso e o tamanho.

DIMENSÃO DE UM LOCAL

- Cores quentes ou escuras aproximam.
- Frias ou claras afastam.

TEMPERATURA DENTRO DOS AMBIENTES

- Cores quentes aumentam a sensação de calor, ou seja, sentimos o ambiente mais quente do que realmente é. O contrário ocorre para espaços pintados em cores frias.

ILUMINAÇÃO INTERNA

- Algumas cores absorvem mais luz do que outras.

UMA FONTE DE LUZ NÃO ILUMINA POR SI SÓ, ELA PRECISA DE UMA SUPERFÍCIE PARA REFLETIR O FACHO DE LUZ E ILUMINAR.

- Como cores fortes e escuras têm capacidade muito maior de absorção da luz, elas precisarão de muitas fontes de luz para conseguir clarear um ambiente. Uma opção é manter o teto branco e utilizar focos de luz direcionados para o teto, utilizando-o como um grande refletor.

_As cores poderão variar sua tonalidade segundo...

ACABAMENTOS

- Lisos tendem a manter a cor.
- Brilhantes as tornam mais vivas.
- Texturizados escurecem a tonalidade.

SUPERFÍCIE

- A mesma cor utilizada nas paredes quando aplicada no teto parecerá um tom mais escuro. Caso precise que todas as superfícies sejam da mesma cor, utilize uma tonalidade 20% mais clara no teto.

ILUMINAÇÃO NATURAL

- As cores aplicadas em paredes sofrerão alteração dependendo da região do país (mais próximo ou afastado da Linha do Equador), da hora do dia e da quantidade de luz natural que entra no ambiente. O sol nasce amarelado, fica forte (quase branco) e, ao entardecer, muda sua cor, podendo passar por alaranjado e vermelho.

- Os ambientes com janelas para o nascer do sol sofrerão menor interferência do que os com janelas para o norte e, pior ainda, com janelas para o pôr do sol. Janelas para o sul terão as cores mais próximas do que elas são, pois sofrerão pouquíssima influência da iluminação solar sobre elas.

ILUMINAÇÃO ARTIFICIAL

- As cores poderão sofrer alterações grandes segundo a lâmpada utilizada.
- Procure as que distorcem menos as cores.

🔸 **FATO** Uma vez, quando terminei o projeto de um dormitório que foi pintado de amarelo clarinho, recebi um telefonema da cliente dizendo que a cor do dormitório parecia diferente da que ela havia escolhido. Quando visitei o local, à noite, percebi que todas as luminárias estavam com lâmpadas azuladas e, quando acesas, interferiam no amarelo, deixando-o ligeiramente esverdeado!

_Acabamento do material

⊙ O tipo de acabamento de um material irá influenciar não somente as características visuais de um ambiente, mas também as características sonoras dentro do espaço.

⊙ Superfícies lisas e brilhantes irão reverberar mais o som, ou seja, refleti-lo mais.

⊙ Superfícies texturizadas e opacas poderão ajudar a diminuir a propagação do som indesejável.

NO DESIGN

⊙ Um tapete com fios ou pelos por exemplo é mais aconchegante "visualmente" do que um de sisal.

⊙ Um piso brilhante pode induzir a um comportamento mais formal do que um de cerâmica ou tijolo, ou o mesmo piso opaco.

⊙ Podemos dizer que os acabamentos opacos com textura seriam bem relaxantes, e os lisos com brilho, mais revigorantes.

- As texturas tendem a deixar os materiais mais interessantes e, de certa forma, mais aconchegantes.

- Muitas texturas ao mesmo tempo podem dispersar nossa atenção na busca por "entender" o espaço.

_Padronagem

- Um dos elementos do design, a padronagem ajuda – e muito – a criar a atmosfera do ambiente.

- Padronagem seria como "uma textura" sem relevo, ou seja, não existe a interação do toque no material. Ela é puramente visual.

- Quando escolhemos um tecido, um revestimento de parede ou piso, por exemplo, com uma padronagem complicada, inovadora ou diferente, a superfície irá nos estimular.

- Quanto mais padronagens juntas, mais excitados, estimulados ficaremos.

- As padronagens pequenas são mais agradáveis e podem aumentar a sensação espacial, ou seja, tornar um ambiente maior.

♦ **ATENÇÃO** Tendemos a associar:
- círculos com suavidade, alegria, vida, quietude, rapidez, brilho, etc.;
- quadrados com dureza, tristeza, peso, frio, lentidão, etc.

FIGURA 5. Variação muito grande de padronagens num mesmo ambiente pode criar uma sensação "caótica", inquietante, com muita informação, onde olharemos para todos os lugares tentando compreender o espaço.

_Formas e linhas

São dois elementos do design que podem alterar nossa percepção dos espaços quanto à agradabilidade e energia que transmitirão durante a experiência vivida pelos seus ocupantes.

De modo geral, as linhas retas e as formas angulares e retilíneas são mais masculinas, e as linhas e formas circulares, mais femininas.

As linhas podem ser:

- RETAS (MASCULINAS)
    » Linha reta horizontal: acrescenta características relaxantes (lembram o horizonte).
    » Várias linhas retas horizontais: ruim por repetir vários horizontes que não existem.
    » Linha reta vertical: acrescenta estabilidade.
    » Linha reta diagonal: por parecer em movimento, estimula a atividade.
    » Linhas retas quebradas: são instáveis e "pedem" aos nossos olhos para segui-las, portanto podem desviar a concentração.
    » Linhas retas formando um V: chamam e mantêm a atenção, mas podem simbolizar raiva e perigo.

- CURVAS (FEMININAS)
    » Linha curva: feminina.
    » Linha gentilmente curva: relaxante.
    » Linhas curvas mais intensas: transmitem alegria.

As formas podem ser:

- **ANGULARES E RETILÍNEAS:** ligadas a movimento e eficiência.
- **CIRCULARES:** relaxantes e preferidas pelas pessoas.

FORMAS CIRCULARES – COMO AS ENCONTRADAS NA NATUREZA, PLANTAS E ÁGUA – AUMENTAM A QUALIDADE DO AMBIENTE (DESIGN BIOFÍLICO).

EVITE MUITAS FORMAS DIFERENTES DENTRO DE UM MESMO AMBIENTE, POIS, COMO AS CORES, ELAS PODEM TORNÁ-LO EXAUSTIVO POR SER EXCITANTE DEMAIS.

_Equilíbrio

A composição criada com elementos e móveis é muito importante na hora de se estabelecer uma experiência dentro de um ambiente.

A composição utilizando móveis e a aplicação de cores, linhas e formas, por exemplo, irá interferir em como respondemos visualmente ao ambiente e induzir o comportamento das pessoas, podendo atuar também nas suas emoções.

- **SIMÉTRICO**
  » Nossos olhos reagem "sem muita excitação" a soluções simétricas.
  » O ponto focal é central à composição, então olhamos diretamente para o centro, sem hesitação.

NO DESIGN

- Mais formalidade: estimula um comportamento mais recatado.
- Calmo: relaxa, pois não estimula nosso cérebro.
- Menos energizante: não induz nosso cérebro a "procurar" por novidades.
- Previsível: um lado igual ao outro, uma cor igual a outra, e assim vai…
- Menos interessante: como é previsível, se torna também menos interessante.
- Estático e sem vida: quando tudo está exatamente onde deveria estar, poderemos ter ambientes sem movimento, sem vida.

◉ **ASSIMÉTRICO**

» Nossos olhos seguem a composição para entender o contexto geral. O ponto focal é a própria composição.

NO DESIGN

- Informalidade: estimula um comportamento mais livre.
- Imprevisível: como não existe o ponto central como referência não é nem um pouco previsível.
- Dinamismo: estimula o movimento dos olhos e do cérebro para entender a composição.
- Interesse: por ser imprevisível e informal.

_Ritmo, variedade, ordem e complexidade

◉ RITMO

» Não precisa ser óbvio, pode ser sutil. É importante e estabelece coerência no espaço.

» Pode ser criado com o uso da forma, da cor, da padronagem, iluminação no teto, cortinas, etc.

💧 **EXEMPLO** Numa casa, o tapete da entrada é azul. Ao entrar, a parede do hall é azul. Já na sala, as cortinas são azuis e o piso tem uma borda azul. Agora pergunto, que cor será o lavabo?
Esse é um exemplo de ritmo desinteressante por ser totalmente previsível.

◉ VARIEDADE

» Quanto mais variedade, mais complexo será um ambiente.

» Quanto mais complexo – sem ser caótico –, mais interessante.

» Muita variedade = excessiva complexidade = muito excitante.

Podemos manter variedade de cor, texturas e formas para uma complexidade interessante.

◉ **ORDEM E COMPLEXIDADE**

» Ordem + baixa complexidade + estilo mais normal = agradável.

» Pouca ordem + maior complexidade + estilo atípico = mais excitante.

» Muita desordem = caos = tensão.

» Muita ou pouca complexidade = desagradável.

» Média complexidade = precisa de ordem.

» Objetos com variedade de cor, forma, altura, material, etc. = aumentam o interesse porque aumentam a complexidade.

FIGURA 6. Diferentes vasos com a mesma cor são menos interessantes do que o mesmo vaso em diferentes cores.

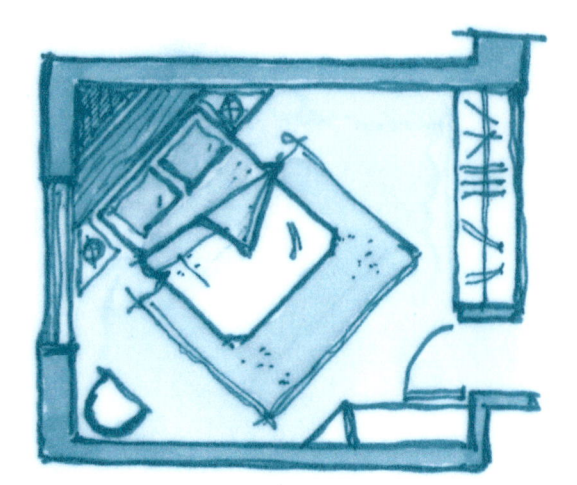

_ FIGURA 7. Design diagonal das paredes cria uma agradável complexidade ao ambiente.

💧 **PORTANTO** O que é imprevisível é novidade, o que é novidade é excitante, interessante, capta nossa atenção, é bom para a concentração.

_Iluminação

A iluminação residencial sempre foi planejada sendo composta por elementos artificiais e naturais.

◉ **TIPOS DE ILUMINAÇÃO RESIDENCIAL**

» **GERAL:** para que as pessoas se movimentem pelo ambiente.

» **DE TAREFA:** permite a realização de atividades que precisam de iluminação mais focada num objetivo para que elas sejam executadas com segurança, de maneira correta e eficaz.

» **DE EFEITO:** utilizada para ajudar a criar determinadas atmosferas.

- » **DECORATIVA**: não busca realmente iluminar, mas simplesmente criar um elemento de interesse, como velas, luzes de Natal, etc.
- » **NATURAL**: importantíssima para o nosso bem-estar, pois é ela que nos ajuda a regular o nosso ciclo biológico.

"Uma combinação de luz diurna brilhante e escuridão noturna é essencial para o arrastamento circadiano e a manutenção de um ciclo vigília-sono diário regular, enquanto a exposição à luz à noite pode impactar negativamente nos ritmos circadianos e nos padrões de sono e, por fim, levar a potenciais problemas de saúde.

Além disso, a iluminação também tem o potencial de afetar a saúde por meio de efeitos associados a ela, como tremulação, brilho, riscos óticos ou campos eletromagnéticos."
(Ticleanu, 2021)

"O RITMO CIRCADIANO (OU CICLO CIRCADIANO) É O PERÍODO DE APROXIMADAMENTE 24 HORAS NO QUAL SE BASEIA UM CICLO BIOLÓGICO.

Deste modo, uma série de eventos em nosso organismo estão diretamente ligados a ele, e influências externas podem ter diferentes consequências, também em nosso organismo, de acordo com o período do ciclo circadiano em que eles ocorrem." (O que é ciclo circadiano, [s. d.])

◉ TIPOS DE LÂMPADAS (RESIDENCIAIS)

A. **INCANDESCENTE:** totalmente proibidas desde 2015; eram a opção mais barata de lâmpadas.

B. **HALÓGENAS:** são encontradas em diferentes modelos e bases. Não são tão econômicas, mas o Índice de Reprodução de Cor (IRC) chega a 100%.

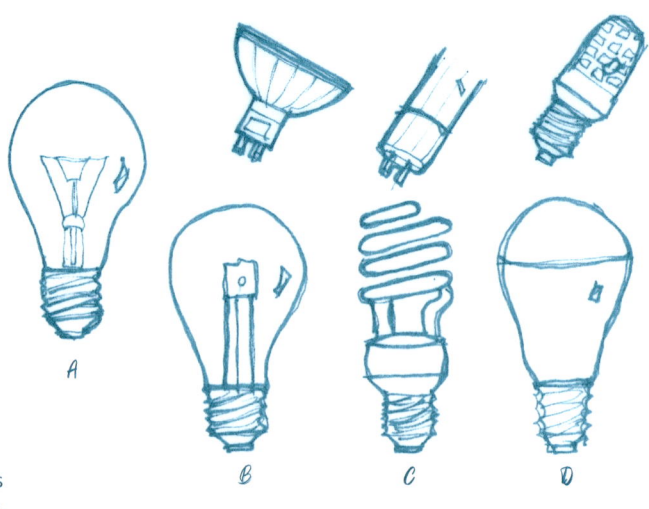

_ FIGURA 8. Tipos de lâmpadas.

C. **FLUORESCENTES**: podem ser tubulares ou compactas; uma das versões mais econômicas, porém com baixo IRC.

D. **LED (LIGHT EMITTING DIODE, OU DIODO EMISSOR DE LUZ)**: são as lâmpadas mais populares desde a entrada de opções baratas no mercado. São econômicas, com pouca emissão de calor, mas baixo IRC, máximo 80%.

Podem ser encontradas nas versões:

- RGB: podem mudar de cor por controle remoto ou *wi-fi*;
- halógena;
- dicroica;
- filamento;
- painel de luz (imita claraboias).

PARA AJUDAR NO BEM-ESTAR

» Utilizar lâmpadas não somente pelo seu baixo consumo energético, mas principalmente segundo sua temperatura (cor), capacidade de iluminação e de não distorcer as cores.

» Adaptar luminárias para evitar reflexos de luz e iluminação diretamente nos olhos.

» Utilizar dimmer sempre que possível para permitir controlar a intensidade da luz.

» Adequar a quantidade e o tamanho das aberturas das janelas para a entrada de iluminação natural.

» Utilizar, se possível, a iluminação dinâmica (altera a coloração e a intensidade da luz durante o dia igualmente à luz do sol) para não atrapalhar o ritmo biológico.

» Garantir que o ambiente fique escuro à noite, utilizando adequado tratamento nas janelas.

» Utilizar iluminação noturna com controle de movimento nos banheiros e corredores, por exemplo, pode ajudar a evitar acidentes.

PORTANTO Opte, sempre que possível, por um sistema de iluminação mais dinâmico, ou seja, que permita repetir, dentro dos ambientes, as diferentes tonalidades de luz natural que estão presentes durante o dia.

Esta opção é a mais recomendada para a iluminação geral de residências e escritórios, só assim haverá a certeza de que estamos ajudando nosso relógio biológico e nosso bem-estar mental e físico.

COMO A ILUMINAÇÃO ALTERA COMO PERCEBEMOS OS AMBIENTES

» **SEGUNDO O TIPO DE LUZ**

NATURAL

– Dá vida aos ambientes e nos faz felizes. Gostamos de ambientes com iluminação natural.

- Proveniente de painéis de vidro, claraboias, janelas ou portas, sentimos os ambientes mais amplos e mais conectados com o exterior.
- Tetos de vidro podem acrescentar sensação de prazer, de conexão com a vida.

ARTIFICIAL

- Como esse tipo de iluminação é totalmente controlável, poderá nos influenciar de inúmeras formas, dependendo não só do tipo de lâmpadas, como veremos a seguir.

» **SEGUNDO O TIPO DE ILUMINAÇÃO**

♦ ATENÇÃO Para maior flexibilidade, opte por acendimentos individuais segundo os setores dos ambientes, ou seja, segundo o tipo de iluminação. Somente assim será possível acender "atmosferas" separadamente e, consequentemente, acionar estímulos diferentes, segundo a utilização dos espaços.

GERAL

- É aquela iluminação, como já falamos, ideal para a nossa movimentação pelo ambiente. Deve permitir que se ande pelos espaços sem problemas, tornando os ambientes visíveis e sem distrações.
- Uma iluminação com áreas claras e escuras, nada homogênea, pode causar uma sensação

de instabilidade, de incerteza, já que os caminhos não estão todos claros.

DE EFEITO

- Ajuda a criar a atmosfera, tornando o ambiente mais aconchegante.

- Na realidade, não ilumina o espaço, mas chama a atenção ao criar centros de interesse ou pontos focais.

- Dentro de móveis, como cristaleiras, sobre aparadores, etc.

- Focada numa lareira, num quadro, por exemplo, cria interesse e movimento no ambiente.

- Vibrante, pode nos excitar e energizar.

    Pouca luz, como de um abajur, relaxa, acalma e tranquiliza.

DE TAREFA

- Direcionada para a área onde iremos desenvolver uma atividade, ajuda na concentração. Deve ter acendimento individual e localizar-se próximo à luminária.

- Pode ajudar a criar o efeito de luz e sombra no ambiente, de modo a lembrar a "natureza" (design biofílico) e nos beneficiar.

- Pode aumentar a criatividade e o interesse no que estamos fazendo.

- Evite iluminação que vibre, pois pode cansar os olhos.

DECORATIVA

- Utilizada mais como elemento decorativo.
- Propicia caráter mais intimista, mais aconchegante.
- Pode ajudar o cérebro a "entender" a atmosfera criada e, assim, a estabelecer a emoção justa.
- Podem ser velas, fios de luz, iluminação natalina ou qualquer outra iluminação temática.

» TIPO DE FACHO LUMINOSO

DIRETO

- Facho constante e direcionado: sai da luminária e ilumina a superfície desejada.

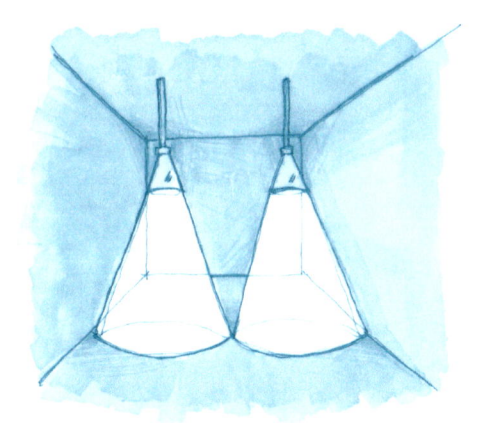

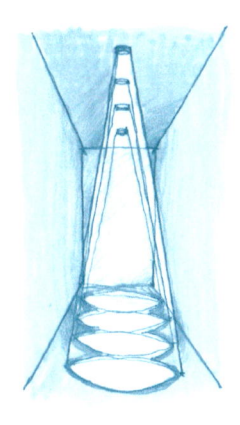

_FIGURA 9. A. Luminárias pendentes podem ser utilizadas para abaixar visualmente o pé-direito, pois o facho direcionado ao piso escurece o teto e, assim, o rebaixa visualmente, criando uma atmosfera mais aconchegante e agradável. B. Para alongar um corredor pode ser utilizada uma "fila" de luminárias spot com facho direcionado ao piso. Criar um ponto focal no final do corredor pode despertar uma sensação de curiosidade e interesse.

INDIRETO

- O facho de luz bate numa superfície antes de iluminar o local desejado, podendo aumentar a sensação espacial de um ambiente estreito, se utilizado para iluminar paredes opostas.

_ FIGURA 10. Ambientes com pé-direito muito baixo podem receber sancas com iluminação direcionada para o teto e, assim, aumentar visualmente um local "opressivo".

LUZ DIFUSA

- Luz sem facho. Se utilizado somente esse tipo de luz, o ambiente pode ficar desinteressante, frio, impessoal ou ainda com aspecto de estabelecimento comercial.

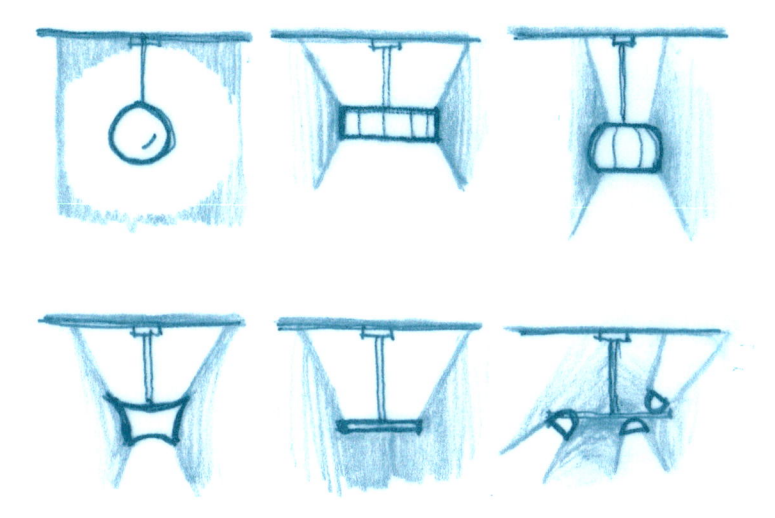

_ FIGURA 11. Dependendo do tipo de luminária e do facho de luz, poderá ser criado um efeito diferente dentro do ambiente e que irá influenciar o modo como se percebe o espaço.

» **SEGUNDO O TIPO DE LUMINÁRIA**

PLAFONS

- Geralmente são utilizados na iluminação geral na forma difusa.

- Podem "desaparecer" se forem utilizados na mesma cor do teto, não influenciando a composição enquanto "objeto luminoso", mas somente como luz.

- Com iluminação LED, podem criar o efeito de claraboias e, assim, "iludir" que existe luz natural vinda do teto. Essa hipótese pode melhorar nosso humor ao nos conectarmos com a natureza (design biofílico).

- Utilize com dimmers.

PENDENTES

- Utilizados como iluminação e como elementos decorativos.

- Ajudam a criar a atmosfera e estilo do ambiente.

- Ajudam a alterar visualmente as características dos espaços.

- Baixam o pé-direito, criando aconchego e com menor possibilidade de causar estresse.

- Posicionam iluminação de tarefa, favorecendo a concentração.

- Demarcam território reservado a uma tarefa (gostamos de territórios – psicologia dos espaços).

SPOTS

- Reguláveis ou fixos.

- Embutidos ou externos.

- Em trilhos, hastes ou independentes.

- Ajudam na composição da atmosfera e do estilo do ambiente.

- Podem alterar visualmente a sensação espacial de um local.

- Ideais para iluminação interna de mobiliário, criando centros de interesse e consequentemente estimulando o cérebro.

- Utilize com dimmers.

ARANDELAS

- Complementam o estilo, o caráter e a atmosfera do ambiente.

- Podem criar centros de interesse, dinamizando o espaço.

- Viabilizam diferentes opções de iluminação mais intimistas, com ou sem dimmer.

ABAJUR E LUMINÁRIA DE PÉ (PEDESTAL)

- São incorporados ao design também como elementos decorativos.

- Possibilitam uma iluminação flexível, pois podem ser facilmente movimentados.

- Complemento para o estilo, caráter e atmosfera do ambiente.

BUILT-IN (EMBUTIDA)

- Este tipo de iluminação, quando embutida nas paredes ou em qualquer elemento estrutural,

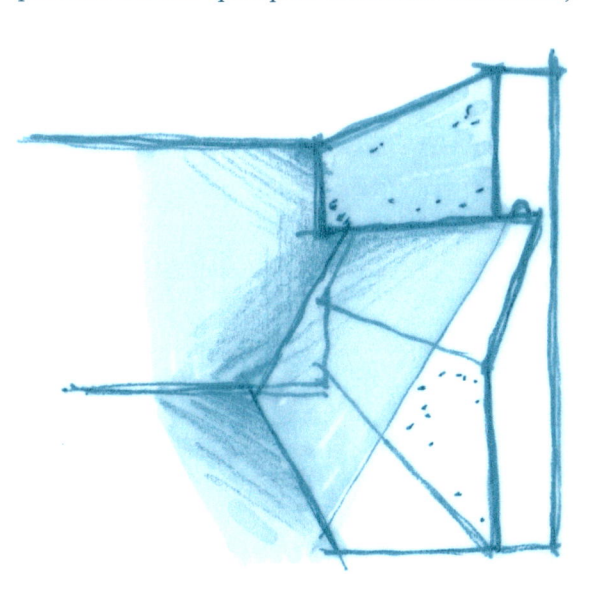

_FIGURA 12. A iluminação built-in pode transformar os ambientes criativamente, despertando interesse.

deve ser projetada na etapa da arquitetura de interiores para evitar reformas e quebras, embora nada impeça que seja projetada durante o projeto de design de interiores.

- Em nichos nas paredes opostas de um corredor, irá alargá-lo.
- Em pilares, pode servir como orientação espacial (psicologia do espaço).
- Ao criar um efeito "wall wash" (lavagem de parede) no final de um longo corredor, irá encurtá-lo ou ainda pode ajudar a acertar as dimensões de um ambiente, tornando-o mais quadrado (segundo pesquisas, preferimos espaços mais proporcionais).

POSIÇÃO DA FONTE DE LUZ

- Acima do nível dos olhos: pode criar sensação de ambiente mais formal.
- Abaixo do nível dos olhos: pode criar a sensação de ambiente mais informal.

COMO A ILUMINAÇÃO ALTERA NOSSO COMPORTAMENTO

"Estudos sobre a terapia de luz descobriram que diferentes cores de luz afetam o humor, os batimentos cardíacos e os ritmos circadianos.

Diferentes intensidades de luz fazem com que o corpo libere hormônios diferentes. Uma alta temperatura de cor, ou seja, luz azul ou temperatura fria que ocorre naturalmente durante o dia, desencadeia a liberação de serotonina, que afeta o nosso humor e os níveis de energia." (Light colour..., [s. d.])

A ILUMINAÇÃO NATURAL, SEGUNDO PESQUISAS, TEM A PROPRIEDADE DE NOS FAZER FELIZES, NOS ENERGIZAR E DE MELHORAR NOSSO ESTADO DE ESPÍRITO.

- CONFORME A QUALIDADE DA LUZ
  - Brilho: quantidade de luz emitida pela fonte de luz (lumens ou lux).
    - Quanto mais brilhante, mais intensifica as emoções, portanto as pessoas podem ficar mais vulneráveis em seus julgamentos.
    - Ambiente nos revigora e energiza, tendemos a falar mais rápido e alto.
    - Tendemos a ficar mais alegres, melhora o humor.

- Sentimos menos sono.
- Ficamos mais alertas.
- Criatividade maior, pois estimula um pensamento mais amplo.

» Pouca luz.

- Mantém as emoções estáveis, portanto, há maior controle das pessoas sobre suas emoções.
- Ambiente nos relaxa, tendemos a falar mais devagar e baixo.

» Saturação: intensidade de uma cor.

- Quanto mais saturadas, mais afetam as emoções (como as cores), intensificando-as.
- Quanto menos saturadas, mais amortecerão as emoções.

◉ **SEGUNDO A COR DA LUZ (GRAUS KELVIN)**

» A cor de uma luz pode variar bastante e, às vezes, de modo imperceptível aos nossos olhos.

» A diferença de cor, mesmo sem que percebamos, irá atuar no nosso cérebro de diversas maneiras, por exemplo, alterando nosso estado de espírito e afetando nosso comportamento.

» Sabe-se, por meio de pesquisas, que podemos, com a tonalidade correta,

- aumentar a produtividade;
- melhorar o aprendizado;
- relaxar;
- energizar as pessoas.

Antigamente, contávamos nos projetos residenciais somente com a lâmpada incandescente (vermelha) e fluorescente (branca). Depois apareceram as halógenas (não tão vermelhas) com diferentes refletores.

Com a evolução tecnológica, passamos pela extinção da incandescente, por vários tipos e cores de fluorecentes, e agora principalmente podemos contar com a LED, além de podermos encontrar ainda mais variedades de formas, tamanhos e principalmente tonalidades para diferentes usos (Light colour..., [s. d.]).

Basicamente:

- **COR QUENTE DE TONALIDADE AVERMELHADA (2.500 K-3.000 K):** acontece naturalmente no final do dia.
    - » Nos deixa mais ousados.
    - » Aguça a memória de curto prazo.
    - » Aumenta nossa habilidade de resolver problemas.
    - » Melhora o humor nas mulheres.
    - » Desencadeia a produção e liberação de melatonina, que nos faz relaxar e depois ficar com sono.
- **COR BRANCA QUENTE (3.000 K-4.000 K):** varia conforme a cor (mais avermelhada ou mais azulada).
- **COR BRANCA FRIA (4.000 K-6.500 K).**
    - » Aumenta o desempenho cognitivo.
    - » Não favorece a memória de curto prazo.
    - » Aumenta o estresse, nos deixa inquietos.
    - » Melhora o humor nos homens.

♦ **ATENÇÃO**

– Procure utilizar diferentes tipos de fontes de luz e de iluminação com diferentes interruptores e dimmers para poder variar a sensação espacial e a emoção criada.

– Iluminação mais intimista, com abajur ou spots direcionados, deixa a atmosfera mais aconchegante, relaxante e romântica.

– Iluminação geral mais forte e azulada tende a proporcionar uma atmosfera mais revigorante, viva, impessoal e energizante.

– Contraste entre um ambiente com iluminação mais forte e, por exemplo, "um canto" com uma iluminação por abajur pode ser interessante, além de delimitar os espaços visualmente.

– Iluminação no fundo de um ambiente faz com que você olhe para ela, aumentando a profundidade.

– Paredes texturizadas com iluminação difusa geram perda de interesse; já a iluminação com facho de luz direta cria efeito de claro e escuro, acentuando a textura.

– Lâmpadas de cor quente intensificam as cores quentes utilizadas no ambiente e distorcem as cores frias.

– Lâmpadas de cor fria intensificam as cores frias utilizadas nos ambientes e distorcem as cores quentes.

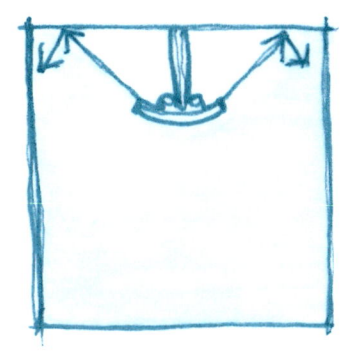

_ FIGURA 13. Paredes escuras absorvem a luz. Utilize o teto como refletor para iluminar corretamente o ambiente.

Tato

Os estados emocional e cognitivo das pessoas também são afetados por experiências que são sentidas pela pele; portanto, o que tocamos influencia, por consequência, nossa performance em tarefas particulares.

O tato estará representado nos ambientes nas superfícies, acabamentos e texturas dos materiais que escolhemos para o projeto e na temperatura do ambiente.

É bom lembrar que nossos pés e nossas mãos são mais sensíveis ao frio, e nossa cabeça sente mais o calor.

O toque e o ambiente

_Superfícies

São diversos os tipos de superfícies existentes. Neste caso, analisaremos as superfícies lisas × porosas, brilhantes × opacas e duras × macias que podemos facilmente reconhecer em pisos, elementos e complementos decorativos, móveis, tapetes, etc.

- **LISAS**
    - » Formais = comportamento mais formal.
    - » Refletem mais som e luz = podem estressar.
    - » Agradáveis ao toque, porém, sem "novidades" = não nos estimulam.
- **POROSAS**
    - » Mais informais = comportamento mais informal.
    - » Interessantes ao toque = mais estímulo do que as lisas, mas podem irritar, dependendo do grau de porosidade.
    - » Refletem menos som e luz = ajudam na acústica e, portanto, no controle do estresse.
    - » Distorcem cores = o estímulo da cor pode ser alterado.
- **BRILHANTES**
    - » Tendência à formalidade = estimulantes.
    - » Refletem som e luz = podem aumentar o estresse.
    - » Aumentam a intensidade das cores = intensificam o estímulo da cor.
    - » Dependendo do material, poderão ser frias ao toque = sensação de desprazer pode acontecer principalmente no verão.
- **OPACAS**
    - » Mais informal = tendência a relaxar.
    - » Refletem menos som e luz = ajudam na acústica e na diminuição de um possível estresse com barulho.

- » Alteram a cor do material = alteram o estímulo da cor.
- » Sutis ao toque = agradáveis.
- » Acrescentam leveza e interesse = aconchegante.
- » Estimulam o toque = prazerosa e calmante.

◉ **DURAS**

- » Refletem mais som = podem causar problemas de barulho e estresse.
- » Rígidas = não muito agradáveis principalmente ao toque das mãos e dos pés.

◉ **MACIAS**

- » Perfeitas para ambientes que precisam melhorar a qualidade do som = ajudam a relaxar, já que tendem a evitar a reverberação.

_Texturas

- » Muito importantes no design de um ambiente, acrescentam interesse à composição.
- » Estimulam o toque.
- » Acrescentam aconchego.
- » São informais.
- » Alteram a cor aplicada sobre ela.
- » Referência a determinados estilos.
- » Serão destacadas por iluminação direta e suavizada com iluminação difusa.
- » Podem ou não ser agradáveis ao toque.
- » Poucas deixam o ambiente suave.

> Algumas o energizam.

> Em excesso, podem deixá-lo "caótico", "bagunçado" ou ainda desorganizado.

Temperatura

Sentida pela nossa pele, nos faz sentir confortáveis, relaxados, desconfortáveis ou mesmo estressados.

Estudos vêm sendo feitos para entender como o estímulo da temperatura pode alterar nosso estado emocional, nosso comportamento ou mesmo nossa reação a ele.

Allisthesia, segundo Michel Cabanac na sua pesquisa "Physiological role of pleasure" (1971), é o fenômeno psicológico e fisiológico que descreve a relação de dependência entre o estado interno de um organismo e o prazer ou desprazer percebido de estímulos (foram pesquisados somente os estímulos termais, olfativos e gustativos).

Num modo bastante "simplificado", poderíamos dizer que allisthesia é o fenômeno que procura entender a ligação, a dependência, entre receber um estímulo e como nosso organismo se sente no momento desse estímulo, ou seja, qual seria o prazer sentido ao comer (estímulo) quando se está com fome (organismo necessita de comida) ou comer (estímulo) quando não se tem fome (organismo não necessita de comida).

A temperatura de um ambiente tem papel importante sobre como sentimos o espaço.

Sabemos o quão desconfortável é estar num ambiente quente ou mesmo sentir frio sem poder se proteger.

Nessas condições, não gostamos de permanecer no local, o que afetará nossa concentração e produtividade, além de aumentar o nível de estresse.

♦ **PORTANTO** O conforto térmico de um espaço é indispensável para que se possa atingir bem-estar, produtividade e saúde física, social e mental.

Paladar

A maioria das informações sobre a influência do paladar em nosso comportamento ou em nossas emoções está baseada na sua conexão com o olfato.

Ou seja, sentir um cheiro pode nos fazer lembrar um gosto, recordar uma sensação ou experiência vivida enquanto sentíamos aquele gosto e, consequentemente, nos fazer sentir de determinado modo.

Alguns profissionais afirmam que, no design de restaurantes, o paladar pode ser bastante explorado usando essa conexão.

Entretanto, Charles Spence, no artigo "Senses of place: architectural design for the multisensory mind" (2020), cita a frase de Juhani Pallasmaa:

As sugestões de que o paladar teria um papel na valorização da arquitetura podem soar absurdas. No entanto, pedras polidas e coloridas, bem como cores em geral e detalhes de madeira finamente trabalhados, por exemplo, muitas vezes evocam a consciência da boca e do paladar. Os detalhes arquitetônicos de Carlo Scarpa (arquiteto italiano) frequentemente evocam a sensação de gosto.

Segundo alguns autores, cores de alimentos nas paredes de restaurantes ou estabelecimentos similares podem afetar o sabor de uma comida.

Por que não usar esse recurso na nossa cozinha ou sala de refeições?

◆ **PORTANTO** As cores são alteradas segundo a quantidade e a temperatura da luz; assim, escolha sempre uma iluminação que não distorça (IRC baixo), mas favoreça a cor da comida.

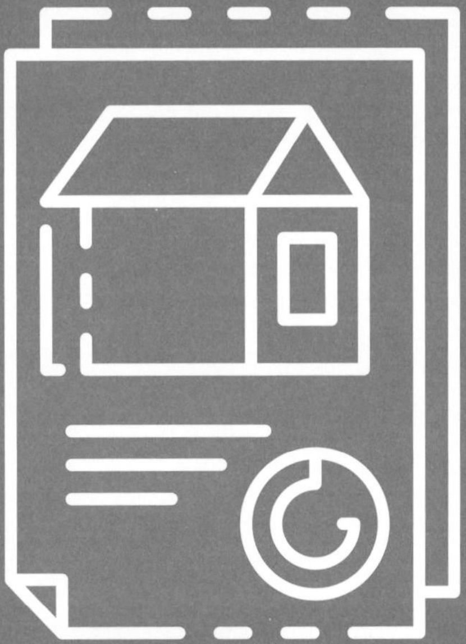

（3）

NEUROARQUITETURA, NEURODESIGN E NEUROESTÉTICA

TUDO COMEÇOU COM A NEUROCIÊNCIA!

Frederick Marks, arquiteto e membro da Academia de Neurociência para Arquitetura de San Diego (Estados Unidos), define neurociência como sendo um ramo multidisciplinar da biologia que lida com a estrutura ou função do sistema nervoso e do cérebro, incluindo psicologia, fisiologia, anatomia, biologia molecular e de desenvolvimento, neuroquímica, citologia e modelagem matemática.

Especialista em arquitetura voltada para a saúde e bem--estar de pacientes em hospitais e clínicas, Marks utiliza em seus projetos os resultados das pesquisas realizadas pela neurociência com o principal objetivo de descobrir novas formas de prevenção e cura para pacientes com doenças como a de Alzheimer.

"Neuroarquitetura estuda como o ambiente modifica o cérebro e nosso comportamento. Como ciência, numa colaboração entre neurocientistas, psicólogos, arquitetos e

designers, ela existe desde o final dos anos 1990 e, como disciplina colaborativa, entre arquitetos e neurocientistas, há quase setenta anos. Seu objetivo é criar espaços de felicidade, bem-estar e produtividade. Em outras palavras, edifícios que reduzam o estresse e a ansiedade." (Neuroarchitecture..., 2020)

SIMPLIFICANDO, NEUROARQUITETURA É O CRUZAMENTO DA NEUROCIÊNCIA E DA ARQUITETURA, E PROCURA EXPLICAR NOSSAS REAÇÕES AOS AMBIENTES CONSTRUÍDOS UTILIZANDO O CONHECIMENTO DAS FUNÇÕES CEREBRAIS FORNECIDO PELAS PESQUISAS DA NEUROCIÊNCIA.

A utilização de EBD (Evidence Based Design), ou seja, design comprovado cientificamente, vem auxiliando arquitetos e designers a escolher opções que tenham um impacto real na qualidade de vida das pessoas.

Cada um de nós é único (gênero, idade, cultura, memórias, etc.) e responde diferentemente a variados estímulos, como já dito anteriormente.

Outra variante está baseada no fato de que cada ambiente será sempre vivenciado, experimentado por seus usuários, de diferentes modos:

- num primeiro contato (primeira impressão com fator surpresa);
- num segundo contato (já estivemos nele, então a "impressão" será amenizada, pois não existe o fator surpresa); e
- quando nos acostumamos com ele.

ALGUMAS DESCOBERTAS E EXEMPLOS DE APLICAÇÃO

- **LOCAIS ONDE NOS SENTIMOS PROTEGIDOS** de algum modo e, ao mesmo tempo, podemos ter uma visão do que está acontecendo ao nosso redor tendem a ser bem-vindos.
    » Uma cadeira de escritório com encosto alto encostada em uma parede de onde se podem ver outras partes da casa ou da área externa.
    » Um canto de leitura (nicho) de onde se veem partes da residência onde estão as crianças.

- **SOLUÇÕES FLEXÍVEIS EVITAM ESTAGNAÇÃO DO CÉREBRO**, ou seja, quando mudamos as coisas e móveis de lugar, estimulamos o cérebro dentro do ambiente.
    » Opte por móveis leves e versáteis que possam ser mudados de posição quando necessário. Por exemplo, mesa de jantar para oito com cadeiras que serão utilizadas por seis no dia a dia. As

outras duas servirão de apoio em outro ambiente, podendo ser remanejadas quando necessário.

- **SIMETRIA** seria mais atraente e proporcionaria mais prazer (embora menos estimulante para o cérebro).

  » Favoreça a distribuição simétrica em ambientes onde se deve relaxar e onde não é preciso estimular o cérebro em tarefas de trabalho ou estudo.

- **COMPLEXIDADE, INTERESSE OU TEXTURA** atraem e estimulam o cérebro.

  » Escolha uma variedade de texturas e padronagens nos móveis e complementos decorativos (não exagere, pois podemos criar caos).

  » Distribuição assimétrica de móveis pode ser complexa.

- **LINHAS CURVAS** seriam mais agradáveis.

  » Adote elementos decorativos com linhas curvas ou mesmo numa padronagem.

  » Prefira paredes retas às curvas.

- **AMBIENTES QUE SE REVELAM AOS POUCOS**, imprevisíveis, seriam mais apreciados.

  » Uma gravura ao fundo de um corredor pode estimular nossa curiosidade.

  » Evite a mesma cor em pontos focais, pois essa tática deixa o design desestimulante e desinteressante.

- **RECUPERAMOS NOSSA SAÚDE** mais rapidamente em ambientes com janelas para jardim ou vistas da natureza.

- » Opte por janelas grandes ou portas de vidro em ambientes utilizados por pessoas que sofrem de doenças crônicas.
- » Uma residência com jardim interno terá mais opções de vistas agradáveis.

- **EXPOR ELEMENTOS SIGNIFICATIVOS** pelos ambientes nos faz lembrar quem somos, nosso passado, nossa vida, dando um significado maior ao espaço.

  - » Utilize displays para coleções de itens importantes para o cliente.
  - » Ganchos nas paredes podem organizar e expor uma coleção de bonés ou chapéus.
  - » Uma parede com fotos antigas pode trazer boas lembranças.

- **NEUROESTÉTICA** é outra modalidade, outro ramo da ciência que utiliza a neurociência para entender como somos e podemos ser influenciados pela estética, como reagimos a determinados padrões estéticos ou, ainda, como a estética visual pode impactar nosso cérebro e fisiologia. É um encontro entre a neurociência e as artes.

♦ **PORTANTO** Quanto mais experimentos são realizados pela neurociência e mais reações do cérebro e do corpo (fisiológicas) são comprovadas, mais chances teremos de mostrar a clientes e profissionais a importância dessa matéria e a necessidade de um design que utilize o conhecimento das reações cerebrais para criar ambientes que:
- ajudem a explorar nossa capacidade física e mental;
- ajudem na nossa capacidade cognitiva;
- aumentem nossa satisfação pessoal, nosso bem-estar;
- nos estimulem;
- nos ajudem na prevenção, na cura e na recuperação de doenças.

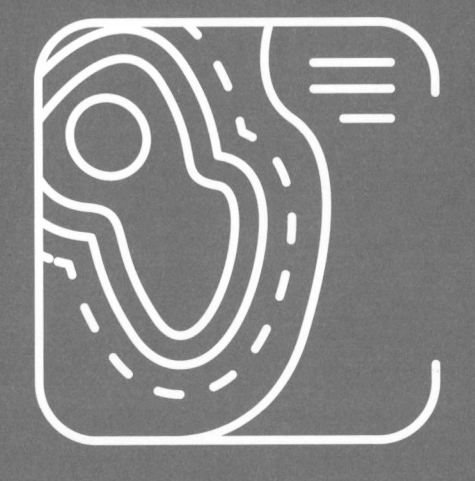

(4)

DESIGN BIOFÍLICO

Muito vem sendo escrito sobre design biofílico, sendo inúmeros os livros, os textos e as reportagens sobre o assunto.

Bastante complexo, procuraremos mencionar os pontos mais importantes e como aplicá-los de modo simplificado para que possam ser implementados nos seus próximos projetos, como fizemos com o design multissensorial, neuroarquitetura e psicologia do espaço.

♦ ATENÇÃO Serão mencionados neste capítulo detalhes do design biofílico que se interligam com a neuroarquitetura e neurodesign, design multissensorial e psicologia do espaço, pois todos eles têm pontos em comum, como:
- possuem a mesma meta. Favorecem o bem-estar, a segurança, saúde mental e física, estimulam o aspecto social da vida e aumentam a produtividade pessoal e profissional;
- colocam a "pessoa" no centro do design e criam ao redor dela;
- utilizam os cinco sentidos para "perceber e vivenciar" o entorno/ambiente;
- fazem uso de pesquisas da neurociência para compreender como nosso cérebro (sistema cerebral) atua em nossas emoções e nossos comportamentos ao reagir aos estímulos mandados, pelos ambientes,

para o cérebro através dos cinco sentidos;
- favorecem a função cognitiva (ver "Processo cognitivo", p. 57).
- A estética é decorrente e criada por meio da aplicação dos princípios e teorias de cada uma das disciplinas de design (neurodesign, design multissensorial ou psicologia do espaço), e não da busca pura e simples da estética.

Gostamos de simplificar as coisas "complicadas", portanto vamos continuar descomplicando...

DEFINIÇÃO DE BIOFILIA

A própria definição da palavra "biofilia" pode ser encontrada em várias versões. Vamos por partes. Segundo o dicionário Merriam-Webster,

"é uma tendência humana hipotética de interagir ou estar intimamente associada a outras formas de vida existentes na natureza: um desejo ou tendência de comunicar com a natureza."

Vários autores afirmam que biofilia = amor à vida, pois seu significado viria do grego *bio* (bios), que quer dizer vida, e *philia* (filo), que significa afeição.

QUEM UTILIZOU PRIMEIRAMENTE ESSE TERMO?

O psicanalista alemão Erich Fromm, em seu livro *The anatomy of human destructiveness* (1973), descreveu a biofilia como "o amor apaixonado pela vida e por tudo que está vivo".

Já o biólogo norte-americano Edward O. Wilson, em seu trabalho *Biophilia* (1986), propôs que a tendência dos humanos de se concentrar e se filiar à natureza e outras formas de vida tem, em parte, uma base genética.

Durante os anos 1980, Stephen R. Kellert, ex-professor de Ecologia Social na Yale School of Forestry & Environmental Studies (Estados Unidos), ajudou a desenvolver uma "emergente" teoria conhecida como biofilia.

Juntamente com Edward O. Wilson, Stephen explicou as ideias e os conceitos de biofilia em uma série de artigos e livros, incluindo a produção científica *The biophilia hypothesis* (1995).

Biofilia seria um tópico tão antigo quanto a civilização antiga grega, e teria sido formalizada na civilização moderna com a introdução de dois *standards* para a certificação ambiental de edificações, o Well Building Standard e o Living Building Challenge. Este último tem o objetivo de criar edifícios "vivos" que não somente reduzam os danos ao meio ambiente, mas também incorporem soluções de design regenerativo que melhorem o meio ambiente.

DESIGN BIOFÍLICO

Sabemos que a maioria das pessoas acaba passando 90% do seu tempo dentro de ambientes construídos.

Sabendo-se que a biofilia tem como base o conceito de que "o fato de precisarmos do contato com a natureza" está em nosso DNA, o design biofílico objetiva, de modo bastante simplificado,

- trazer a natureza para dentro dos ambientes;
- fornecer conforto térmico e sonoro;
- criar ambientes calmos;
- proporcionar ventilação adequada;
- utilizar os estímulos provenientes do entorno (espaços) que são enviados ao cérebro por meio dos nossos sentidos.

Não queremos dizer com isso que devemos "colocar vasos com plantas" em todos os ambientes do projeto de interiores. A tarefa é muito mais complexa e interessante.

"Simplificando, design biofílico é focado naqueles aspectos do mundo natural que contribuíram para a saúde humana e a produtividade na luta milenar para se estar em forma e sobreviver.

[...] outra característica diferenciadora é a ênfase no contexto ou habitat*, e não em uma ocorrência única ou isolada da natureza.*

[...] o sucesso do design biofílico depende de intervenções correlacionadas, complementares e integradas dentro do ambiente geral (contexto geral)." (Kellert, 2015)

Para que um projeto represente o design biofílico, ele teria de cumprir certas condições preestabelecidas.

Como profissional, é possível se especializar ou simplesmente estudar e aplicar os conceitos nos próximos projetos.

Algumas definições importantes

- BIOMÓRFICO: *simplificando, o termo está relacionado com as formas e os contornos dos elementos da natureza – por exemplo, o contorno de folhas, das ondas, de rochas. A utilização de elementos inspirados nesses contornos, suas texturas e características seria um dos princípios do design biofílico, que, por meio de elementos inspirados na natureza ao redor, possibilitaria a conexão com ela.*

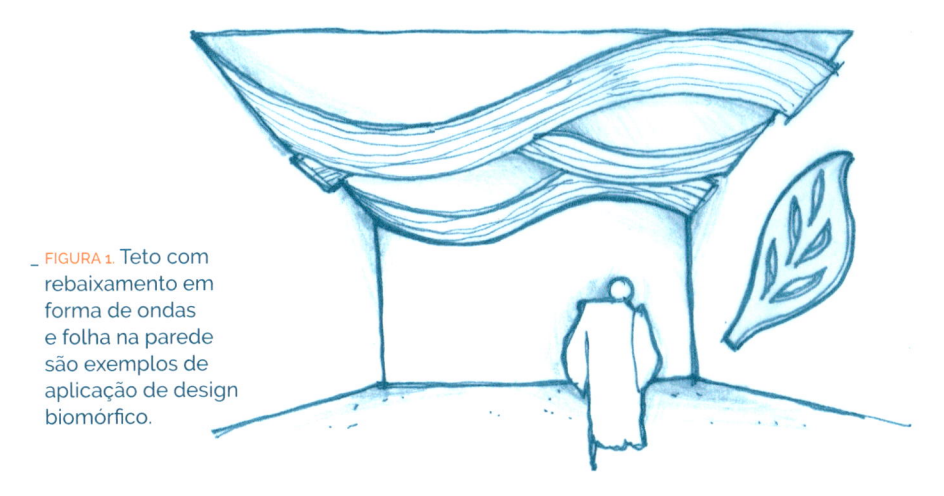

_ FIGURA 1. Teto com rebaixamento em forma de ondas e folha na parede são exemplos de aplicação de design biomórfico.

- **GEOMORFOLOGIA:** também de forma simplificada, está relacionada com o relevo e seu processo de formação, ou seja, a paisagem existente e como ela chegou a ser como é. No caso do design biofílico, deve haver conexão, representação do relevo, suas características e paisagem local no design desenvolvido para o espaço.

- **BIOMIMÉTICA:** está baseada no estudo e na imitação de soluções encontradas em seres vivos e que podem nos beneficiar de alguma forma. Exemplo bastante fácil de visualizar são os aviões com "forma" de pássaros, as estruturas que imitam árvores gigantes em aeroportos em diversos países ou, ainda, os elementos vazados (cabuchões), como colmeia de abelhas. Seria mais uma conexão com formas da natureza na busca por um design sustentável e por um aprendizado maior a partir da natureza.

- **FRACTAL:** quando observamos bem de perto uma folha, notamos que seus veios foram criados por meio da repetição de um padrão bem simples, como uma bifurcação. Quando ocorre a repetição de um padrão, ou seja, quando um processo bastante simples (como a bifurcação) se repete várias vezes, criando um padrão complexo, sem fim (porque pode sempre bifurcar mais uma vez), dizemos que foi criado um fractal. Os padrões fractais são extremamente familiares, uma vez que a natureza está cheia de fractais. Por exemplo: árvores, vista aérea de grandes rios, litorais, montanhas, nuvens, conchas, furacões, floco de neve ampliado, etc. Fractais podem ser abstratos e também gerados por computador utilizando-se equações matemáticas. No design biofílico, seria mais uma representação da natureza ao nosso redor, buscando aumentar nossa conexão com ela.

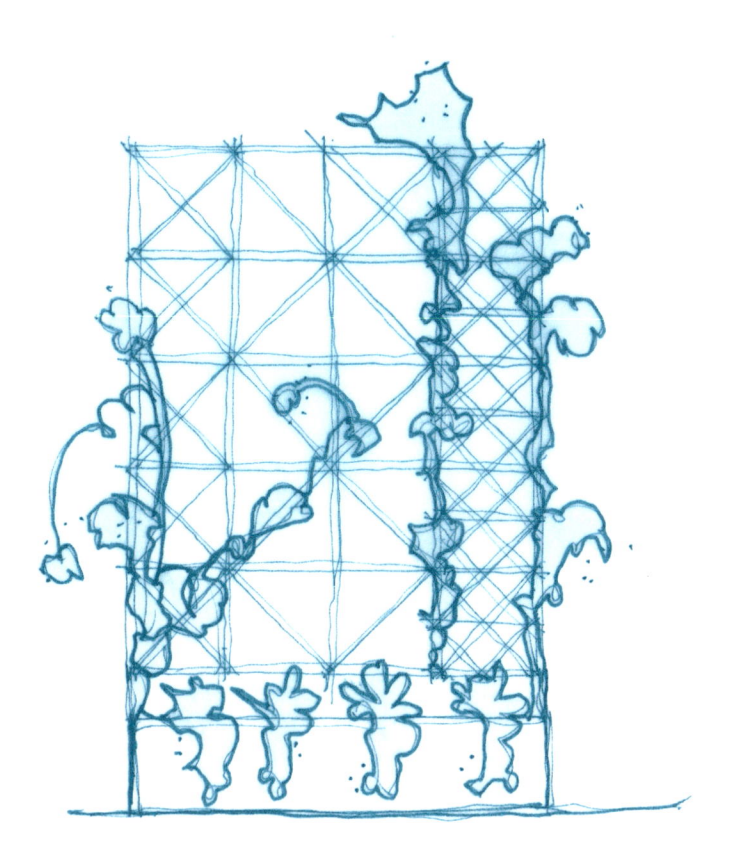

_FIGURA 2. Aplicação de um padrão fractal numa divisória utilizada como floreira.

Algumas considerações importantes

Alguns "enfoques" do design biofílico podem também ser encontrados em outros tipos de abordagens de design.

Por existirem muitas similaridades, resolvemos mencioná-las, embora, na maioria das publicações, não exista a referência a essas semelhanças.

Não sabemos dizer quem "nasceu" primeiro, é uma situação como aquela velha história do ovo e da galinha!

- Ênfase na paisagem, no ecossistema local.
- Enfoque multissensorial (variedade de estímulos sensoriais).

- Características do design passivo (conforto ambiental de baixo consumo energético).
- Princípios de neurodesign e neuroarquitetura (neurociência).
- Princípios da psicologia dos espaços.

TENTANDO FACILITAR A APLICAÇÃO DO DESIGN BIOFÍLICO

Embora aplicar o conceito não seja uma tarefa fácil, estamos tentando dar uma visão geral e salientar pontos importantes para que possam ser compreendidos e aplicados no futuro.

- **SER HUMANO** = conexão emocional com paisagens e locais.
- **NATUREZA** = meio ambiente = fonte de inspiração e paz.
- **CONTATO COM A NATUREZA** = satisfação.

Elementos relacionados à natureza

É importante ter em mente que um único elemento ou uma simples proposta não terá o resultado esperado, será necessário aplicar elementos no projeto que "cubram" o conceito holístico[4] do design biofílico. Veremos a seguir que um dos elementos, quando considerado no projeto, estará sempre ligado a um outro.

---

[4] Holístico: procurar compreender os fenômenos na sua totalidade e globalidade.

🜄 **PORTANTO** Quando pensar no que pode ser feito para incorporar um dos elementos, analise também o que pode ser criado para transformar a solução numa correlação de elementos e estímulos.

- **AR:** precisamos de ar puro, de ventilação, principalmente a cruzada (design passivo).
- **ÁGUA:** é essencial e nos acalma, ajuda a baixar a temperatura quando utilizada no resfriamento passivo, refresca, além de o mar estar presente no processo evolutivo do ser humano sendo assim parte de nossa memória.
- **LUZ DO SOL:** é indispensável, acerta o nosso relógio biológico.
- **PLANTAS:** proporcionam sombra, refúgio, frescor, alimento.
- **ECOSSISTEMAS:** condições naturais ao redor da construção.

Elementos que podem ser utilizados no design para reafirmar e enfatizar a presença da natureza

- **MATERIAIS NATURAIS:** estimulam os cinco sentidos.
  » **VISÃO:** lembrar da natureza.
  » **TATO:** toques agradáveis que estimulam nosso cérebro ou tranquilizam.

- » **OLFATO:** odores da natureza – por exemplo, madeiras, palha e sisal.

- » **PALADAR:** odores que estimulam a boca, como canela, cravo-da-índia, etc.

- » **AUDIÇÃO:** por exemplo, pisar num tapete de sisal emite um som e também conecta ao ecossistema local.

- ⊙ **FORMAS, LINHAS E CONTORNOS:** na representação, imitação ou mímica da natureza.

- ⊙ **ILUMINAÇÃO ARTIFICIAL:** adiciona luz onde a natural não existe e ilumina o ambiente durante a noite.

Elemento básico

- ⊙ **O ESPAÇO (INTERNO E EXTERNO):** construído ou a ser criado, apresenta características próprias que devem ser analisadas e aperfeiçoadas por meio do design biofílico.

Características importantes do ambiente a ser criado

Deve conter um local mais alto, de onde observamos o que está acontecendo distante de nós (prospecção).

Na natureza, seriam os topos de montanhas, grandes pedras que podemos escalar, etc.

Prospecção, no design biofílico, refere-se à criação de um elemento no ambiente de onde as pessoas podem observar o que está distante (para estarem alertas ao que pode acontecer).

EXEMPLOS BASTANTE CONHECIDOS:

- escadas beirando paredes de vidro em escritórios ou edifícios comerciais;
- mezaninos;
- pisos elevados;
- balcões e varandas, etc.

Essa posição deverá "passar a sensação" de controle e, ao mesmo tempo, segurança.

Este espaço irá estimular nosso desejo de observarmos, concentrarmos e, assim, entendermos o que está acontecendo não somente onde estamos, mas também a distância.

Local onde poderemos nos refugiar do mau tempo, do perigo, ou simplesmente descansar

Refúgio, no design biofílico, é um local, uma área onde nos sintamos seguros, retirados da correria diária, dos outros membros da família, ou seja, onde possamos estar em paz por qualquer que seja o motivo (leitura, trabalho, estudo, meditação, etc.).

Este tipo de "local" foi muito valorizado na época da pandemia causada pela Covid-19, quando, dentro de casa, as pessoas precisavam de um lugar para "dar um tempo" dos outros moradores.

- Características:
    » iluminação acolhedora;
    » superfícies opacas;
    » texturas macias;
    » teto rebaixado;
    » outras características que chamem ao refúgio.

Nesse local, o estímulo gerado irá acalmar e facilitar a concentração.

O mistério da natureza presente em nossas casas

Mistério, no design biofílico, deve acontecer como na savana, enquanto se está "caminhando".

Essa característica está ligada à novidade, a ambientes que se revelem enquanto caminhamos por ele.

- São imprevisíveis, interessantes, com variedade (psicologia dos espaços), com "curvas".

- Podem estar nos jardins com caminhos curvos.

- Podem estar numa parede que, de repente, "curva" e não sabemos onde acaba, e assim por diante.

O ESTÍMULO GERADO AUMENTA A ATENÇÃO, O INTERESSE, A CURIOSIDADE.

A vida na savana estaria em nosso DNA

- Riscos e perigos estimulam nosso cérebro, nos energizam.

- "Piscinas infinitas", como as que existem em algumas coberturas de edifícios ou em residências.

- Cascatas.

- Pisos de vidro transparentes sobre água ou que passam sobre um vale.

- Patamares de vidro transparentes presos somente por dois apoios no piso. Quando utilizados em mezaninos ou balcões, também causam a sensação de "posso cair".

- Chuveiros com paredes de vidro também estimulam a sensação de que alguém pode aparecer do outro lado.

O ESTÍMULO IRÁ AGUÇAR A NOSSA MENTE, GERAR CURIOSIDADE, VONTADE DE ARRISCAR.

Exemplos de aplicação

Permitir que a natureza "entre" através da visão (nosso sentido)

- É importante que seja estabelecida uma relação direta com a natureza "lá de fora", portanto janelas, portas ou mesmo painéis de vidro devem permitir que se aprecie a natureza no seu *habitat* (ecossistema), principalmente se as janelas e portas puderem ser abertas e possibilitarem nos aproximar e tornar mais real ainda o contato com ela.

- Jardins centrais podem criar vistas agradáveis (visão) quando não existem jardins próximos.

- Pequenos jardins verticais na frente de janelas que dão para um muro, por exemplo, podem ajudar. A utilização de plantas com cheiro agradável, como o jasmim, pode facilitar o relaxamento e proporcionar um sono mais tranquilo (design multissensorial).

- Uma "massa" com arbustos e árvores pode criar uma vista agradável, além de diminuir o barulho vindo da rua.

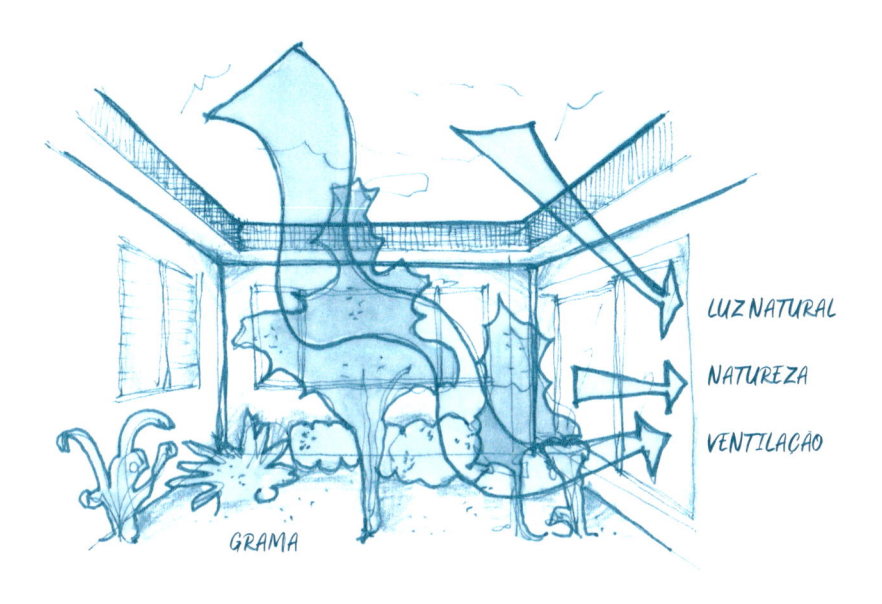

_ FIGURA 3. Além do fato de possibilitar vistas de diferentes ângulos e ambientes, o jardim central permite melhorar a ventilação (ar) e o resfriamento natural (design passivo). Pode ainda ser instalada uma fonte ou lago artificial (água) no trajeto da ventilação para levar umidade aos ambientes (climas quentes) e acrescentar som natural, além de a visão da água ser muito benéfica, assim como sentir o perfume das flores.

💧 **FATO** Segundo o estudo realizado pela Nasa, "Interior landscape plants for indoor air pollution abatement" (Wolverton; Johnson; Bounds, 1989), existem algumas plantas de interior que, embora alguns autores não acreditem, podem ajudar a combater a poluição do ar dentro dos ambientes. Na hora de escolher, melhor optar por aquelas que "provavelmente" ajudariam.

Temos como opções:
- crisântemo;
- gérbera;
- lírio da paz;
- samambaia;
- espada-de-são-jorge;
- babosa (*aloe vera*);
- filodendro;
- dracena;
- hera inglesa, entre outras.

Permitir que a natureza esteja dentro do ambiente (utilizar visão, tato e olfato)

- Cuidar de plantas pode reduzir o estresse, a depressão e a ansiedade.

- Plantas para interior podem ajudar a purificar o ar do ambiente (ar).

- Vasos com plantas em diferentes locais, como banheiros, sala, cozinha (temperos), hall de entrada, etc.

- Espaços "mortos", por exemplo, sob a escada, podem ser ideais para se cultivar um jardim interno (visão, ar).

- A criação, dependendo do cliente, de um jardim de inverno ou mesmo de um orquidário ou um local para cultivar e manter plantas pode também ser uma opção que permite tocar a natureza.

- As já tradicionais "paredes verticais internas" (jardins verticais) também são uma opção. Em climas quentes e secos, podem ajudar a aumentar a umidade do ar, dando conforto térmico. Escolha plantas com folhas leves que adicionam movimento à composição.

- A utilização de claraboias ou tetos de vidro podem permitir uma variedade maior de plantas, pois proporcionam maior claridade.
- Caso a residência permita, jardins no telhado também ajudam, e muito.
- Algumas varandas ou balcões podem receber grama sintética e vasos, trazendo o jardim onde não existe naturalmente.
- Alguns móveis, por exemplo, podem permitir acrescentar seixos e conchas sobre o vidro de mesas de centro ou, ainda, colocar pequenos vasos com suculentas.
- Materiais que envelhecem com o tempo e mudam de características estéticas também são uma opção, como pinho, aço, mármore, cobre e bronze. O tempo passa para tudo e todos; assim, mostrar o envelhecimento natural por meio de um material é uma opção interessante, diferenciada e criativa.
- Para conectar com a natureza do local, podemos, por exemplo, dispor conchas e areia nas casas de praia, pinhas ou flores locais nas casas de campo e assim por diante, conectando os ambientes com o ecossistema local da residência.
- Outra forma que deve ser utilizada sempre que possível é criar ambientes internos integrados com ambientes externos, transformando dois ambientes em um, quando necessário. Por exemplo, incorporar a um ambiente balcões, varandas, jardins, etc.

♦ **PORTANTO** A reprodução dos estímulos que recebemos quando estamos em contato com a natureza é uma forma efetiva de estar perto dela. Quando andamos através de uma floresta, por exemplo, todos os sentidos enviam estímulos para o nosso cérebro, estamos relaxados, porém, totalmente estimulados.

- O som dos pássaros, da água, do vento nas árvores e nas plantas.
- O cheiro das flores, do vento e da água.
- O toque das folhas e da brisa em nosso corpo.
- A visão da paisagem que nos rodeia, das flores, dos galhos.
- Um cheiro nos faz lembrar uma comida (manjericão, por exemplo), uma bebida...

"Imitar" a natureza dentro dos espaços

- Quando não existem elementos da natureza por perto, quando as construções são grandes, quando estamos rodeados por edifícios, quando não há árvores, quando não há espaço, ou ainda por qualquer outro motivo, podemos "copiar", "simular" ou "imitar" as formas, cores e imagens (estilizadas ou não) da natureza, que tanto nos fazem bem.
- Cores que conectem à natureza em paredes, mobiliário ou ainda elementos decorativos.
- Formas estilizadas ou não de objetos e plantas. Podem ser murais, faixas, mesas, splashback na cozinha, etc. Ou ainda a tão utilizada "grande árvore" de

metal que estiliza uma árvore e serve como poste de iluminação, estrutura para grandes coberturas, etc.

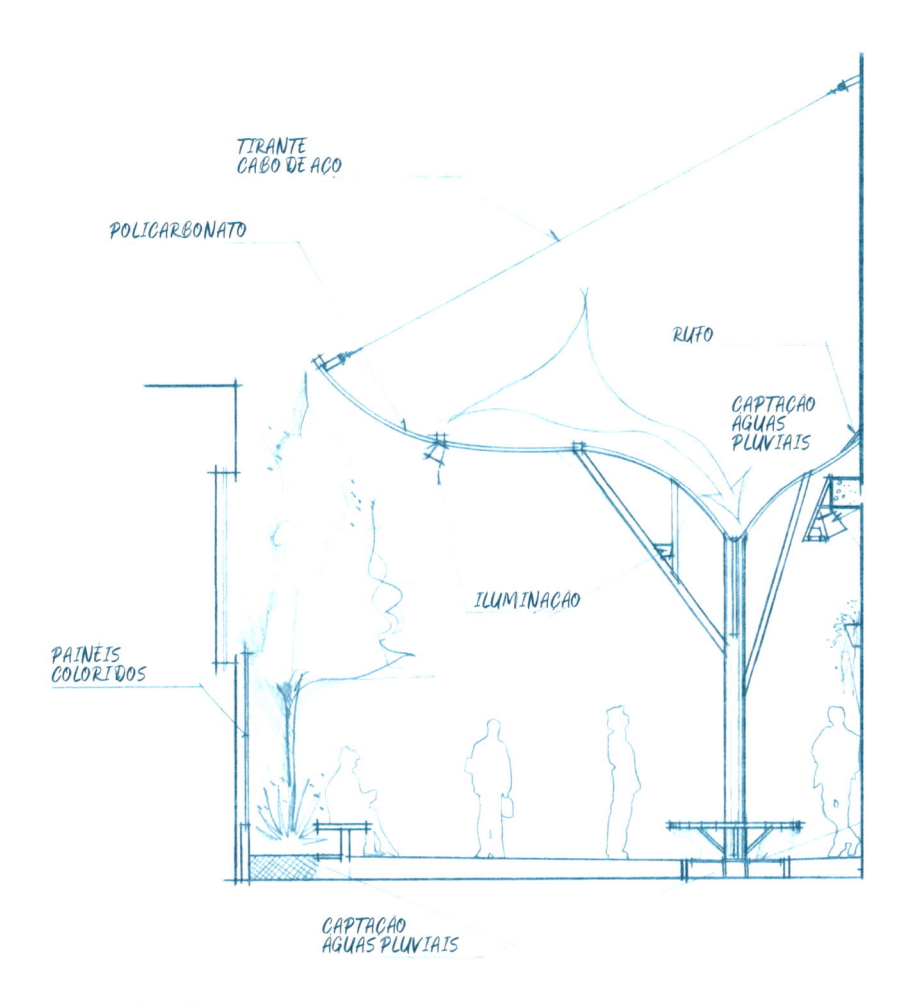

_ FIGURA 4A. Estudo (vista) para área externa de universidade utilizando árvores estilizadas como suporte para a cobertura.

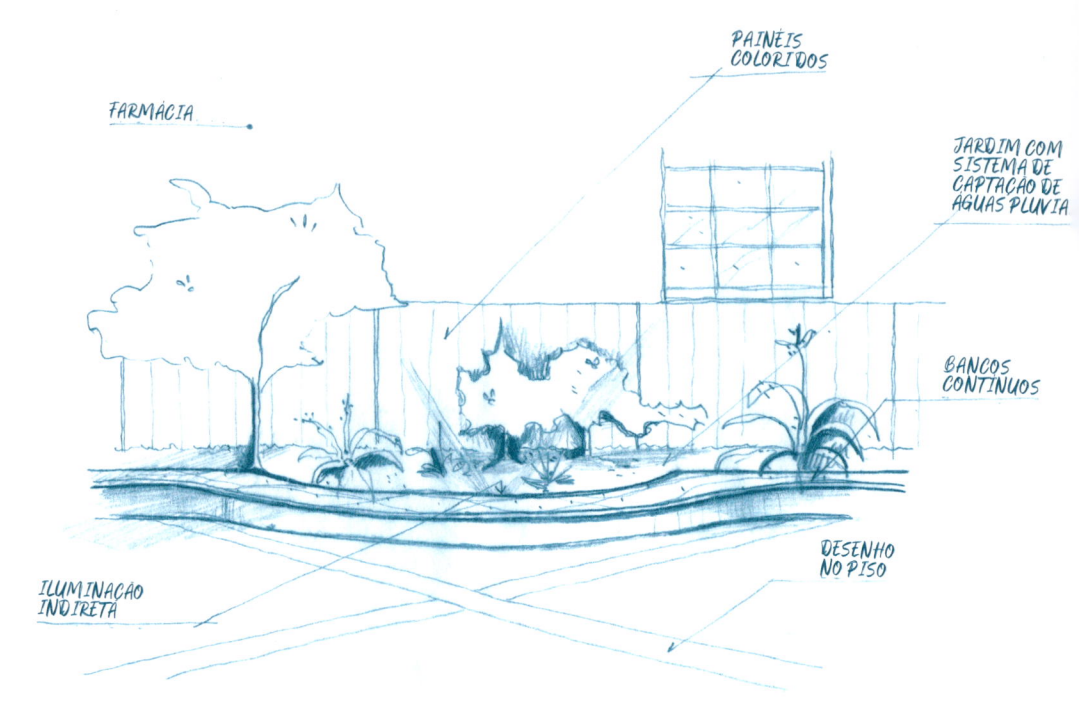

FIGURA 4B. Estudo (perspectiva) para área sob a cobertura. Utilizando bancos "em onda" contínuos, painéis coloridos, iluminação indireta nas floreiras e desenho no piso.

- Forros de madeira que imitam ondas do mar ajudam na acústica e incluem material natural ao projeto (ver figura 1).
- Quadros, gravuras, fotos ou obras de arte relacionadas à natureza.

ESTRUTURA METÁLICA
E DUTO DE CAPTAÇÃO
DE ÁGUAS PLUVIAIS
DA COBERTURA

GRELHA DE CAPTAÇÃO
DE ÁGUA

_ FIGURA 4C. Estudo (planta) para área sob a cobertura, mostrando a paginação contínua e repetida no piso.

- Escadas em espiral que se assemelham a conchas também têm sido bastante utilizadas em projetos.
- Luminárias que fazem referência a elementos ou usam conchas, estrelas-do-mar, galhos e assim por diante.

Presença de água no projeto

- A água é um dos elementos que mais nos faz lembrar a natureza. Mar, rio, cascatas, fontes, lagos, riachos... nossa memória é sempre cheia de natureza e água!

- Os materiais publicados sobre design biofílico afirmam que quando o elemento água é adicionado ao design é possível verificar benefícios como:

    » tranquilidade;

    » frescor;

    » redução da pressão arterial e do batimento cardíaco;

    » melhora da memória.

- Nossa referência à água traz "boas vibrações", podendo nos transportar a lugares belos e felizes ao estimular nossa memória.

- As aplicações mais conhecidas são os lagos artificiais, laguinho com peixes e aquários.

- Fontes e cascatas acrescentam também o som (audição) ao projeto, ou seja, mais um elemento positivo, pois através dele relaxamos, meditamos ou, se o som produzido for alto (fontes em *shoppings*, por exemplo), ele poderá nos energizar ou irritar (se for constante e por muito tempo).

- Água pode ajudar a combater a falta de umidade do ambiente e o desconforto que isso traz.

Luz do sol dentro do espaço

⊙ Fundamental para a nossa vida, é ela quem controla o nosso relógio biológico.

♦ **FATO** Antigamente, a grande maioria dos *shopping centers* eram construidos em grandes blocos totalmente fechados com iluminação artificial e ar-condicionado. Intenção: criar ambientes onde não havia relação nenhuma entre os ocupantes e "a vida lá fora". O que visavam era manter as pessoas fechadas num local onde perdessem a sensação do "passar das horas". Sem saber se já havia escurecido, se chovia ou se já era noite, as pessoas tenderiam a consumir mais. O primeiro *shopping* que visitei que era aberto ao mundo externo foi o Shopping Iguatemi, em São Paulo, inaugurado em 1966. Todos os demais, construídos nos anos 1980, eram "enclausurados".
Há alguns anos a tendência mudou e passou se a considerar a iluminação natural como parte dos projetos não somente comerciais, como também de hospitais e escritórios.
Hoje temos certeza dos benefícios trazidos pela iluminação natural.

⊙ As grandes janelas que permitem a visão e a ventilação também podem ajudar na iluminação natural e na entrada do sol dentro dos ambientes.

⊙ Use claraboias, principalmente os novos modelos que vedam a entrada do calor e deixam passar somente a luz, iluminando os ambientes com poucas ou nenhuma janela.

- Fachadas envidraçadas com vidros tratados para eliminar o calor são também benéficas.

- Proteção nas janelas, como marquises, venezianas, cortinas, etc. devem proteger a entrada do sol no verão e também da iluminação externa à noite, quando o ideal é dormir na escuridão (varia, é lógico, de pessoa para pessoa) (design passivo).

O aquecimento indesejado (calor) dentro dos ambientes é tão ruim quanto o frio, portanto não esqueça de considerar o design passivo (conforto térmico, resfriamento e aquecimento com baixo custo energético).

Conforto térmico pobre deixará qualquer ambiente "desagradável".

Na falta da luz do sol ou quando ela não é suficiente

- Quando não é possível aumentar a qualidade da iluminação natural, a iluminação artificial deverá ser adicionada ao projeto (ver "Iluminação", p. 104).

- A melhor opção seria a iluminação dinâmica (*dynamic light*), ou seja, a luz que é controlada digitalmente, flexível e responsiva, e capaz de refletir a progressão natural da luz ao longo do dia, com mudanças na temperatura e na intensidade da cor, ajudando o nosso relógio biológico a funcionar corretamente e aumentando nossa qualidade de vida. Qualquer tipo de iluminação poderá ser utilizada, desde que seja a melhor para o espaço em questão.

- Iluminação difusa como iluminação geral é mais agradável aos olhos, mas pode ser monótona em composição estética.

- Utilize também a reflexão da luz para iluminar, fazendo com que a luz natural chegue até superfícies que a reflitam, aumentando a quantidade de luz no ambiente. O mesmo vale para a iluminação artificial.

- Verifique a necessidade de utilizar filtros para evitar reflexos de luz nos olhos.

- As luminárias podem ter formas e contornos que lembrem a natureza (mímica).

- Espelhos podem ser instalados estrategicamente para refletir a iluminação natural vinda das janelas. Eles também podem ter formas que trazem a sensação de bem-estar.

- Utilize dimmer sempre que possível.

- Use um sistema de luminárias que ajude a sinalizar a direção, criando ou não sombras, conhecido como *light pool*. Também é um recurso bastante utilizado no design biofílico.

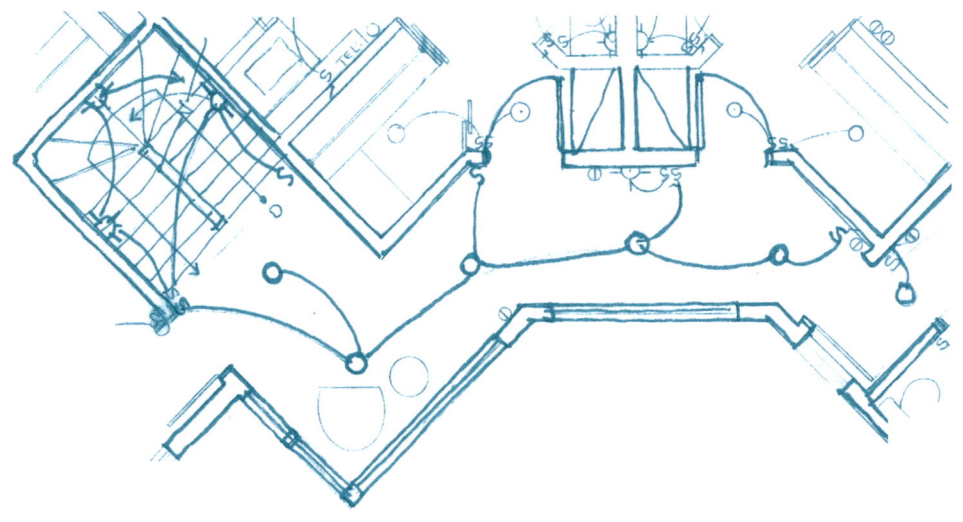

_ FIGURA 5. Neste estudo para residência, as luminárias do corredor e da escada foram conectadas em série, orientando a circulação nos dois espaços (*light pool*).

_ FIGURA 6. Formas interessantes para serem utilizadas. Evite linha e ângulos retos.

Materiais naturais

- A presença de materiais naturais é mais uma "ponte" para se conectar à natureza. Quanto menos tratamento tiver recebido o material, melhor será.

- Forros de madeira podem aconchegar e diminuir visualmente o pé-direito muito alto, além de aromatizar delicadamente o ambiente dependendo da madeira utilizada.

- Pisos de madeira, tijolo, pedra e seixo rolado, carpete de sisal ou qualquer outro material natural (verifique a massa térmica, de acordo com o design passivo, antes de aplicar) pode nos conectar com o ecossistema local (materiais da área).

- Tapetes de algodão, lã, sisal, corda, etc.

- Divisórias de bambu no jardim, varanda ou balcão.

- Móveis de bambu, rattan, madeira, etc.

- Muros, floreiras ou paredes de pedras (de preferência locais).

- Cúpulas de abajur, luminárias e arandelas podem ser encontradas em diversos materiais naturais.

- Complementos decorativos, como porta-retratos, vasos, esculturas, candelabros. Há uma variedade incrível no mercado.

Ventilação e vida

- Precisamos de ar puro para nossa saúde e bem-estar.

- Ar estagnado nos faz ficar com sono, cansados, sem energia. Permita a ventilação cruzada nos ambientes.

- Caso seja necessária a instalação de ar-condicionado, certifique-se que seja limpo com frequência, que sua tubulação não transmita o som entre os ambientes e, principalmente, não espalhe germes e vírus pela casa. Existem equipamentos de ar-condicionado sustentáveis, ecológicos e bastante eficientes. É sempre bom pesquisar.

- Diferentes tipos de janelas podem favorecer a ventilação e a circulação do ar (design passivo).

- Nosso corpo responde melhor a brisas (agradáveis e revigorantes) do que ao vento forte (desagradável, alterando o humor).

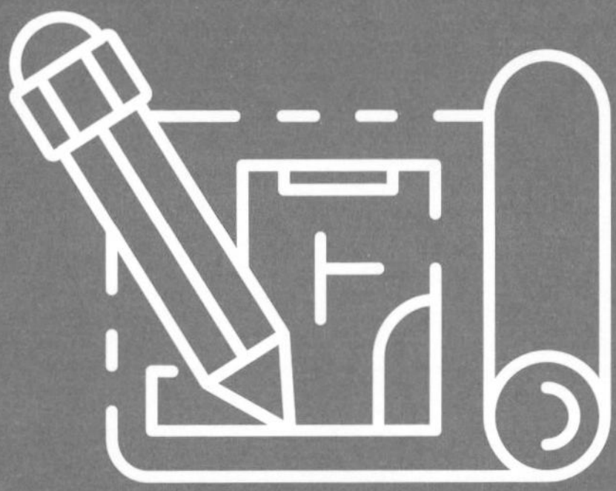

(5)

AFINAL, O QUE SERIA UM AMBIENTE BEM PROJETADO?

Como atuais ou futuros profissionais da área da arquitetura e do design de interiores estaremos sempre, na hora de projetar um ambiente, conectados ao design, ao processo criativo, com seus elementos, princípios e influenciadores.

Um ambiente bem projetado é um espaço onde as pessoas que o utilizam se sentem bem e confortáveis. Até aí, nenhuma novidade.

Conceitos novos e outros nem tão novos assim vêm sendo estudados, gerando um nova perspectiva no campo do design. Até então projetávamos para que desejos, necessidades e aspirações de nossos clientes fossem atendidos, mas não levávamos em conta como poderíamos aumentar o seu bem-estar ou performance nos ambientes.

Não considerávamos que o design poderia aumentar a criatividade e estimular um estado mental favorável ao desenvolvimento pessoal, ou mesmo proporcionar as condições necessárias para uma produtividade bem maior dentro dos ambientes.

Evitando criar espaços que estimulem sensações desagradáveis ou comportamentos indesejáveis, abrimos a porta para um novo universo de bem-estar, saúde mental e física e, principalmente, de satisfação pessoal.

"Visitamos" a psicologia dos espaços, o design multissensorial, a neuroarquitetura e neurodesign, e o design biofílico. "Visitamos" porque todas essas disciplinas – ou filosofias – são extremamente complexas e, neste livro, abordamos, de forma simplificada, seu conceito geral, suas características e como seria possível aplicá-las não na sua extensa e complexa forma, mas baseando-se nos seus conceitos e princípios fundamentais.

Vimos também que, de certa forma, todas elas se inter--relacionam. Poderíamos até dizer que uma tem partes das outras dentro de seus conceitos e fundamentos.

♦ **PORTANTO** Definindo o conceito de um ambiente bem projetado (*well designed space*), levamos todos os pontos importantes em consideração. A seguir, apresentamos uma grande referência para seus próximos projetos.

MENTE + CORPO + MEIO AMBIENTE (ENTORNO) = EXPERIÊNCIA

CARACTERÍSTICAS INDISPENSÁVEIS

- Projetada "ao redor" do cliente, ou seja, ele está no centro, é o mais importante no processo!

- Expressa certas características e enfoques de residências passadas (memória do espaço).

- Personalizado para garantir que os ocupantes se sintam parte do espaço e se identifiquem com ele, facilitando assim a interação social. Dentro dessa categoria, está o respeito à história e às memórias dos ocupantes, bem como suas características culturais (design multissensorial).

- Apresenta funcionalidade total para a execução de todas as atividades que serão desenvolvidas nele.

- Ergonomia correta para que as atividades se desenvolvam sem prejudicar a saúde ou o bem-estar das pessoas.

- Confortável e com opções de controle sobre o ambiente. Por exemplo, privacidade, iluminação, temperatura, umidade, ventilação, etc. (design multissensorial).

- Oferece conforto térmico (design passivo) usando ventilação cruzada, janelas e portas bem-posicionadas, e proteção contra o sol indesejável no verão. Instale ventiladores de teto nos ambientes onde a circulação do ar é deficiente e, principalmente, para baixar o consumo de energia elétrica dos aquecedores no inverno, etc.

- Propicia conforto acústico, tão necessário para evitar estresse e facilitar a concentração.

- Contato com a natureza não somente com a utilização de plantas, mas também com simulações de formas naturais, materiais, cores, sons e/ou movimentos (design biofílico).

- Ser sustentável, respeitando o meio ambiente.

- Os materiais são considerados segundo a manutenção para garantir limpeza e fácil higienização.

- Iluminação correta e de baixo custo favorece a visão sem causar danos aos olhos. Iluminação dinâmica, que segue a coloração da luz segundo a hora do dia, é bem-vinda.

- Instiga os cinco sentidos, criando uma experiência (design multissensorial), e não apenas uma simples distribuição de mobiliário. Estimule os sentidos corretamente, na direção certa, segundo as atividades que serão realizadas e garantindo boa saúde mental (design multissensorial).

- Utiliza cores de forma a beneficiar as atividades e os usuários com o estímulo correto.

- Possui um local para "refúgio", espaço para isolamento necessário para descanso, leitura, estudo ou meditação, por exemplo.

- Apresenta todas as condições necessárias para viabilizar a realização de ambições – por exemplo, escrever um livro, ser bailarina, se tornar um chef de cozinha, etc. – e metas, colaborando para o desenvolvimento total da potencialidade pessoal e profissional dos usuários (design multissensorial).

- Interessantes, mas não confusos. Evite muitas variedades de cores, formas, texturas, etc., para não gerar confusão ou hiperestimular os ocupantes.

- Espaço e mobiliário flexíveis, como a sociedade e o mundo em que vivemos, possibilitando que eles possam ser alterados, seguindo as mudanças de metas e aspirações do cliente.

- Utiliza rodízios ou peças de mobiliário leves para que possam ser movimentadas, principalmente no living, para adequar e respeitar as diferentes necessidades de distâncias pessoais dos usuários.

- Facilita opções diversas para a socialização, mantendo as diferenças culturais de distanciamento (design multissensorial).

- Pontos de interesse que façam sentido e estimulem nossas ambições, mas descansem a vista e a mente, evitando, assim, soluções que transformem os ambientes em espaços desinteressantes e monótonos (design multissensorial).

- Transmita segurança e aconchego.

- Possui elementos que ajudam a restaurar a energia cerebral, quando trabalhos mentais devem ser executados por longos períodos (design multissensorial).

♦ **PORTANTO** No mundo da arquitetura e do design de interiores, não está sendo mais aceito que sejam criados ambientes opressivos, que estimulem a depressão ou que promovam qualquer tipo de

mal-estar em seus usuários. É necessário um design que valorize mais a natureza dentro e fora dos espaços, que estimule os nossos cinco sentidos, que nos torne mais resilientes após e durante pandemias, etc.
O bem-estar e a saúde física, mental e social – que antigamente "considerávamos" mas não "priorizávamos" – passaram a ser um dos enfoques mais importantes no design de um espaço, residencial ou comercial.
Só assim poderemos dizer que realmente estamos "vivendo os espaços".

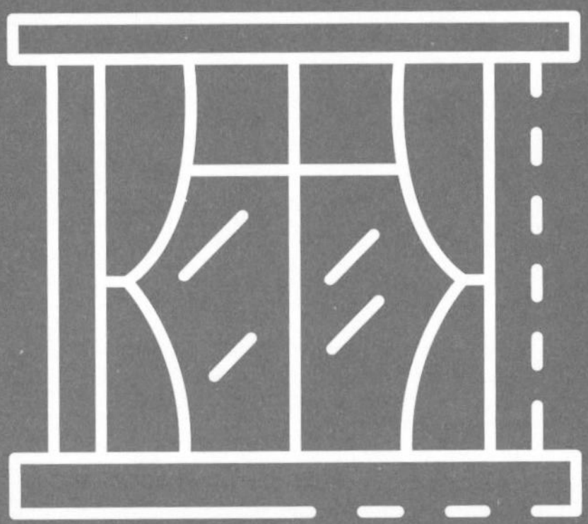

(6)

ARQUITETURA DE INTERIORES E DESIGN EM TEMPOS DE PÓS-PANDEMIA

Algumas das propostas que surgiram para a nova realidade que vivemos no mundo de hoje são "releituras" mais aprofundadas e complexas de conceitos e soluções que já conhecemos há anos, mas que quase nunca foram muito valorizadas nos projetos.

A MAIORIA DELAS CONCORDA EM UM PONTO: O DESIGN DEVE FAZER SENTIDO, DEVE PROMOVER O BEM-ESTAR FÍSICO, MENTAL E SOCIAL DAS PESSOAS E DEVE PROMOVER SEGURANÇA.

Grande parte da população mundial conviveu com a circunstância de ficar "isolado" dentro de casa por um longo período, durante a pandemia da Covid-19. A sensação de isolamento, distância, medo e insegurança passaram a estar mais presentes no dia a dia das pessoas, o que exigiu que os novos projetos de arquitetura e de design de interiores passassem a oferecer conforto, sensação de aconchego, de segurança, de contato com a natureza, ou seja, de bem-estar.

Para que possamos criar espaços visando ao bem-estar e segurança dos usuários, devemos buscar a personalização dos ambientes de acordo com as características e necessidades funcionais, físicas e sociais, e principalmente sensações que o espaço irá provocar em seus ocupantes, dependendo das influências psicológicas que podem ser oferecidas por meio do design (design multissensorial e psicologia dos espaços).

• **DESIGN PARA O BEM-ESTAR = DESIGN PERSONALIZADO =** aplicação das características e necessidades físicas, mentais e sociais + intervenções pós-catástrofe

Em alguns países o *lockdown* foi muito mais amplo e rigoroso do que no Brasil, onde o isolamento social foi relativo e setorizado, levando parte da população a permanecer muito tempo "dentro de casa" e a sofrer os infortúnios tão necessários. Parte da Inglaterra, da Itália, da Alemanha, entre outros países, viveram meses sem poder realmente sair de casa.

Seja qual tenha sido a situação vivida, em algum momento, o isolamento, a solidão aconteceu em nossa vida.

CABERÁ AOS PROFISSIONAIS ENTENDER E DEFINIR AS NECESSIDADES EMERGENTES DE SITUAÇÕES PROBLEMÁTICAS E COMPLEXAS, E DETERMINAR SOLUÇÕES ESPACIAIS QUE SUAVIZEM AS DIFICULDADES CRIADAS NA VIDA DAS PESSOAS, QUER NAS RESIDÊNCIAS OU NOS AMBIENTES DE TRABALHO, QUER EM NÍVEL ESPACIAL OU PSICOLÓGICO.

Muitas propostas acabam surgindo, e muitas previsões foram e vêm sendo feitas, mas somente o tempo e as experiências anteriores poderão ditar, com maior segurança, quais as melhores opções e quais as mais realistas para serem realmente aplicadas de forma imediata ou em longo prazo.

RECOMENDAÇÕES

Segundo profissionais da área de design e da medicina, algumas recomendações que ganharam força durante a pandemia teriam vindo para ficar:

- Prever distanciamento interpessoal (quando possível) em todos os projetos futuros, bem como adaptar os já existentes (ele vem sendo cada vez mais incorporado à realidade!).

- Necessidade de se repensar a ventilação interna dos ambientes com sistemas de ar-condicionado capazes de purificar e limpar totalmente o ar de germes ou vírus.

- Garantir ventilação natural para o bem-estar das pessoas. A ventilação cruzada deve ser implementada sempre que possível. Para tanto, o posicionamento de portas e janelas deve ser estudado para conduzir o fluxo de ar fresco (design passivo).

- Balcões ou varandas devem ser previstos em apartamentos para garantir contato com o exterior (se fechar com vidros, possibilitar a total abertura).

CONSIDERAÇÕES SEGUNDO A OCUPAÇÃO DE ESPAÇOS

A análise das alterações e cuidados necessários estabelecidos e publicados por órgãos relacionados à saúde, governamentais ou não, nacionais ou internacionais, é sempre uma boa referência para os profissionais de arquitetura e design.

O isolamento acabou determinando que muitas pessoas passassem a trabalhar em casa, o que alterou bastante a dinâmica nas residências e nos escritórios.

Escolas fechadas também ajudaram a mudar a dinâmica da utilização dos espaços dentro de casa.

A globalização, a internet e a tecnologia oferecidas pelas empresas facilitaram a vida das pessoas, diminuindo as distâncias sociais, e viabilizaram que até trabalhos bastante complicados pudessem continuar a ser exercidos normalmente fora do escritório.

As casas passaram a ficar "congestionadas" com todos os moradores dentro delas o tempo todo.

🜲 **PORTANTO** As características de espaços internos residenciais e de empresas começaram a ser repensados segundo suas dimensões, privacidade e flexibilidade de ocupação.

SOLUÇÕES DETERMINADAS POR PESQUISA E EXPERIÊNCIAS ANTERIORES

A análise do problema que se enfrenta ou se enfrentou ajudará com certeza a determinar soluções importantes de curto, médio e longo prazo que devem ser consideradas e aplicadas o mais rápido possível.

Providências emergenciais tomadas durante crises ou catástrofes, visando garantir que a vida das pessoas não sofra tanto impacto negativo, geraram e sempre gerarão informações importantes.

Essas informações poderão passar a ser "precauções" a serem consideradas nos novos projetos ou, ainda, a serem adaptadas a projetos existentes, como vem acontecendo.

Como profissionais da área do design, devemos estar atentos não somente às informações geradas em nosso país, mas também pelo mundo, em países que passaram ou passam por uma catástrofe igual ou similar a nossa. A troca de experiências ajuda na criação de um design mais seguro, significativo e que garanta o bem-estar físico e mental das pessoas. Restringir a pesquisa a somente uma fonte de informação não é pesquisar.

No caso da pandemia da Covid-19, foram estudadas algumas regras como precaução, para evitar, assim, maior contágio e transmissão do vírus entre as pessoas. Muitas dessas medidas foram sugeridas e aplicadas de maneira diferenciada em vários países.

Como o combate e controle do vírus é um processo difícil e demorado, e dada a facilidade com que ele pode sofrer mutação, criando variantes, fica claro que algumas das precauções propostas deverão ainda estar presentes nos próximos projetos ou, pelo menos, por um bom tempo deverão ser consideradas no processo de design. E mais importante, é preciso prever os espaços necessários para sua implementação, em caso de novas pandemias.

A vacina salva vidas, mas a possibilidade de novas variantes cria sempre a possibilidade de enfrentarmos novos problemas.

ALGUMAS PROPOSTAS E SOLUÇÕES BÁSICAS UTILIZADAS PELO MUNDO

- Possibilidade de se manter um distanciamento mínimo entre as pessoas. Manter um espaço vazio de 1,50 m a 2,00 m entre as pessoas em filas, sentadas em balcões, por exemplo, requer que se reconsiderem os espaços internos dos projetos comerciais.

- Espaço de 4,00 m²/pessoa para se calcular o número de consumidores que podem entrar num ambiente comercial ao mesmo tempo.

- A necessidade de, por algum período, ser exigida a redução do número de mesas e cadeiras cria uma dinâmica diferente para o armazenamento do mobiliário não utilizado.

- Melhor ventilação dos ambientes, garantindo que os espaços internos sejam bem ventilados e os filtros sejam capazes de não transmitir o vírus.
  » Bares e restaurantes com áreas externas, por exemplo, foram beneficiados na hora de se estabelecer a capacidade máxima de pessoas a serem servidas, já que a céu aberto a restrição de distanciamento é bem menor.

- Painéis divisórios ou frontais de acrílico ou vidro apareceram em diferentes espaços comerciais, por exemplo:
  » caixas de lojas e restaurantes;
  » escritórios, em balcões de informação;
  » em situações em que uma pessoa deve conversar com a outra.

Esse tipo de prevenção para evitar a transmissão do vírus pela saliva acrescenta também "segurança" visual ao projeto e aumenta a confiança dos consumidores no estabelecimento.

- Fornecimento de álcool em gel para mãos e painéis informativos na entrada de todos os tipos de estabelecimentos. Designers devem criar um dispositivo ou local, na entrada do escritório, restaurantes, cafés, etc., que tenha a função de informar as pessoas e garantir a sanitização de suas mãos.

    Interessante ressaltar que, graças a essa constante "limpeza" das mãos, o distanciamento e outras recomendações, o número de pessoas contaminadas pelo vírus da gripe (influenza), que pode chegar a matar muitas pessoas, não foi nem ao menos considerado nos invernos europeus de 2020 e 2021. Portanto, essas sugestões podem e devem ser consideradas, algumas até podem se tornar permanentes, pois colaboram com a saúde pública.

- Utilização de máscaras e materiais de limpeza específicos para higienização de todas as superfícies. Materiais de limpeza que matam germes e vírus passaram a ser utilizados nas superfícies de trabalho, alimentação, paredes e pisos.

💧 **PORTANTO** Como algumas dessas medidas estão relacionadas a alterações de layout, criação de espaços maiores de armazenamento para mobiliário não utilizado, além dos materiais de limpeza e sanitização, os novos projetos podem considerar as opções mencionadas.

CONSIDERAÇÕES SEGUNDO INFLUÊNCIAS EMOCIONAIS

Um dos maiores problemas que se enfrenta em tempos de pandemia é, sem dúvida, o isolamento social. Embora seja extremamente importante para se conter o vírus, ficar em isolamento pode levar a:

- depressão, tristeza, falta de energia e saudade de amigos e familiares.

- agravamento de problemas psicológicos causados pela falta de contato com o exterior, com o céu aberto. Contato com o sol, ar puro, o verde, etc., é fundamental para o nosso bem-estar. Infelizmente não pode acontecer em edifícios de apartamentos sem varandas ou balcões, ou mesmo em casas sem área externa. O design biofílico deve ser considerado.

Algumas áreas, como varandas em prédios de apartamento, foram "fechadas" e transformadas em áreas internas.

Esse fato passou a ser repensado por alguns moradores que não levaram em consideração a necessidade de ter um ambiente aberto, totalmente ventilado e com acesso ao sol para o nosso bem-estar e saúde mental, física e social.

ALGUMAS PROPOSTAS INTERESSANTES PARA ESPAÇOS RESIDENCIAIS

Uma das primeiras coisas que notamos, no início da pandemia, foi a necessidade de um espaço para podermos trocar de roupa e de sapato antes de entrarmos em casa, pois poderíamos estar portando o vírus.

Ficou evidente que o hall de entrada passaria a ser ligeiramente diferente, considerando:

- pendurar roupas;
- banco ou cadeira para se sentar e trocar de sapatos.
- local para guardar sapatos;
- local para receber as entregas em domicílio, sem contato direto com o entregador.

"A mesa de jantar tornou-se o ponto focal para as atividades domésticas, trabalho e aprendizagem: refeições compartilhadas, brincar, ler jornais, envolver-se em longas conversas, escola em casa. Com restaurantes e bares sujeitos a elevados padrões de segurança e com restrições de capacidade, podemos hospedar amigos em casa com mais frequência, adicionando mais cadeiras à nossa mesa ou expandir as opções de assentos na sala de estar.

Nossas casas se tornam uma forma de compartilhar nossos valores e gostos pessoais com os outros." (Home dynamics, [s. d.])

AS RESIDÊNCIAS DEVEM:

- Ser acolhedoras (nos sentimos tristes).

- Ter atmosfera bastante positiva, mas não estressante; calma, mas não "apagada"; estimulante, mas não em excesso, e que ajude os moradores a desenvolver seus potenciais.

- Ser sinônimo de segurança (nos sentimos inseguros no dia a dia).

- Conviver com uma desordem ordenada, pois a casa "intacta" e "perfeitamente em ordem" que existiu nos tempos de trabalho exclusivamente no escritório, quando ninguém vivia realmente nos espaços durante o dia, tende a ser substituída por uma casa onde "se vivem os espaços". Portanto, os ambientes não tenderão mais a ser projetados como fotos nas revistas, em que parece não habitar ninguém, mas sim deverão conter tudo o que a família precisa para viver em paz, com saúde, segurança, conforto e até um pouco de desordem organizada.

- Contar com peças de mobiliário resistentes e duradouras, já que tenderão a ser constantemente utilizadas. Não significa que deverão ser "de design" ou extremamente caras, mas sim de boa qualidade. As pessoas tenderão a investir mais na qualidade de vida dentro de casa do que simplesmente no resultado visual do projeto.

- Ter mobiliário leve ou de peças com rodízio que ajudarão na flexibilidade espacial.

- Utilizar revestimentos fáceis de limpar e de higienizar, utilizando novos tipos de materiais, já em desenvolvimento, e que apresentam propriedades antibacterianas.

- Dispor objetos decorativos que façam sentido, ou seja, que tenham significado para os moradores, lembranças de momentos felizes que poderão ajudar num futuro isolamento ou num momento mais depressivo (psicologia dos espaços).

- Contar com ambientes flexíveis (muitas pessoas dentro de um só espaço).

- Ter os ambientes internos zoneados (sugerido por alguns profissionais) conforme o barulho, ou seja, zonas "barulhentas" (entretenimento e brincadeiras) ou não (aprendizado, convivência familiar e relaxamento).

- Possuir um local especial para relaxamento, por exemplo, para leitura de um livro, ouvir música ou simplesmente criar a oportunidade de se estar "sozinho" numa casa compartilhada e sem muita privacidade. Solidão é uma coisa, estar sozinho é outra. Todos nós temos a necessidade de ficar sozinhos às vezes para poder recompor as energias em tempos estressantes. Esse "nicho", como alguns profissionais chamam esse cantinho, deve ter uma atmosfera acolhedora, com cores suaves, texturas gostosas tanto ao toque como no visual.

- Ter, na cozinha ou mesmo em toda a casa, um filtro para a água consumida, já que ficou comprovado que os vírus podem estar presentes nos esgotos e rios das grandes cidades.

Já contamos com tecnologia para a filtragem de água, iluminação, câmeras, entre outros produtos, que sanitarizam. Como sempre dissemos, a pesquisa é a "alma do negócio". Nesse caso, poderemos dizer que ela poderá ser o "diferenciador" do projeto.

- Trazer o verde para dentro, o que não é nenhuma novidade. Mas agora passou a ser quase que uma necessidade, já que o isolamento afasta as pessoas da natureza, e trazê-la para os ambientes passou a ser uma alternativa bastante viável e absolutamente necessária (design biofílico).

  Está comprovado que cuidar de plantas ajuda a saúde mental, portanto, acrescentar jardim em vasos nas varandas ou mesmo na área externa é uma opção a considerar nos projetos.

- Interligar balcões e varandas com as áreas internas: o dentro e o fora devem estar, de certa forma, conjugados.

ALGUNS PROFISSIONAIS CONTINUARAM A TRABALHAR EM CASA E ALGUMAS ESCOLAS PASSARAM AO ENSINO A DISTÂNCIA. ESSAS DUAS CATEGORIAS VÊM AUMENTANDO A CADA DIA, DADA A FACILIDADE FORNECIDA PELA TECNOLOGIA. ESSA NOVA SITUAÇÃO ACABOU POR REVOLUCIONAR OS SETORES DOS ESCRITÓRIOS E DAS ESCOLAS.

Para o ensino a distância e o acompanhamento do desenvolvimento escolar pelos pais, serão necessárias também adaptações, mas não tão extremas quanto ao home office. Um espaço no dormitório ou um local "adaptado" como uma mesa na cozinha ou na sala poderá fazer o papel da sala de aula desde que:

- o conforto acústico exista;
- a iluminação de tarefa ajude na concentração do estudante;
- a cadeira seja confortável;
- cores ligeiramente amareladas estejam presentes, para estimular o cérebro (podem estar em pôsteres, paredes, flores, etc.).

♦ **FATO** Foi grande o número de profissionais que passaram a trabalhar "de casa" e que acabaram optando por mudar de uma grande cidade para o interior ou praia.
A facilidade de trabalhar via internet fez aumentar a procura, em vários países, incluindo o Brasil, por moradia em cidades menores, que proporcionam uma qualidade de vida melhor, sem congestionamento de carros, poluição e com mais segurança.
Essa tendência mostra que as pessoas estão realmente passando a considerar mais o bem-estar pessoal e da família.

O home office passou a ser repensado. Para alguns profissionais, ele se transformou num verdadeiro escritório empresarial. As características físicas e espaciais existentes nos grandes edifícios comerciais devem, agora, ser reproduzidas em casa para que não haja queda na produtividade. Importante também salientar que a tecnologia "dentro de casa" passará a ser tão boa quanto aquela fornecida pelas empresas.

A qualidade dos móveis, o conforto e os materiais utilizados tendem a ser cuidadosamente escolhidos e adaptados ao usuário.

Com a família toda em casa, e ao mesmo tempo, exige-se que o espaço de trabalho possa oferecer, de certa forma, "total privacidade", pelo menos enquanto se está trabalhando.

Portas de correr, por exemplo, podem facilitar o isolamento de um home office onde também deve ser garantida boa qualidade sonora e acústica, principalmente para as reuniões a distância. A iluminação de trabalho deve permitir concentração, e a ventilação e o conforto ambiental devem ser de primeira linha.

💧 **PORTANTO** A necessidade, em tempos de crise, de bem-estar e de saúde física, mental e social ficou bastante clara.
Como vimos no início deste livro, a ciência dos espaços (psicologia dos espaços), a neuroarquitetura e o neurodesign, o design multissensorial e o design biofílico nos dão todas as diretrizes necessárias para desenvolvermos projetos centrados nos clientes e voltados ao seu bem-estar e saúde.

AGORA É COM VOCÊ!

REFERÊNCIAS

ACKERMAN, C. E. What is environmental psychology?. **Positivepsychology.com**, 8 dez. 2021. Disponível em: https://positivepsychology.com/environmental-psychology/. Acesso em: 10 mar. 2022.

ANGELI, A. Why scent is essential to design. **Interior Design Collection**, 19 jan. 2016. Disponível em: https://medium.com/interior-design-collection/why-scent-is-essential-to-design-984edab9a064. Acesso em: 10 mar. 2022.

AROMATHERAPY: do essential oils really work?. **Johns Hopkins Medicine**, [s. d.]. Disponível em: https://www.hopkinsmedicine.org/health/wellness-and-prevention/aromatherapy-do-essential-oils-really-work. Acesso em: 10 mar. 2022.

ASLAM, M. M. **Are you selling the right colour?**: a cross-cultural review of colour as a marketing cue. Wollongong: University of Wollongong, 2005. Disponível em: https://ro.uow.edu.au/cgi/viewcontent.cgi?article=2092&context=commpapers. Acesso em: 10 mar. 2022.

AUGUSTIN, S. **Place advantage**: applied psychology for interior architecture. Hoboken: John Wiley & Sons, 2009a.

AUGUSTIN, S. The smell is right: using scents to enhance life. **Psychology Today**, 23 dez. 2009. Disponível em: https://www.psychologytoday.com/au/blog/people-places-and-things/200912/the-smell-is-right-using-scents-enhance-life. Acesso em: 10 mar. 2009b.

BALDWIN, E. Biophilia: bringing nature into interior design. **Arch Daily**, 1 set. 2020. Disponível em: https://www.archdaily.com/935258/biophilia-bringing-nature-into-interior-design. Acesso em: 11 mar. 2022.

BEHLING, S. Architecture and the science of the senses. **TED**, 30 jun. 2016. Disponível em: https://www.youtube.com/watch?v=-FbfPWalO_ss. Acesso em: 9 mar. 2022.

BIOPHILIA and interior design: creating a multi-sensorial experience. **Terramai**, [s. d.]. Disponível em: https://www.terramai.com/blog/biophilia-interior-design-create-multi-sensorial-experience/. Acesso em: 11 mar. 2022.

BIOPHILIA. **Merriam-Webster**, [s. d.]. Disponível em: https://www.merriam-webster.com/dictionary/biophilia. Acesso em: 10 mar. 2022.

BIOPHILIC design: what it is and why it matters. **EdnTecn**, 4 out. 2019. Disponível em: https://www.edntech.com/blogs/news/biophilic-design-what-it-is-and-why-it-matters. Acesso em: 11 mar. 2022.

BLESSER, B.; SALTER, L-R. **Spaces speak, are you listening?**: experiencing aural architecture. Cambridge: MIT Press, 2009.

BROWNING, W.; RYAN, C.; CLANCY, J. **14 patterns of biophilic design**: improving health and well-being in the built environment. New York: Terrapin Bright Green, 2014.

BYRNE, D. How architecture helped music evolve. **TED**, fev. 2010. Disponível em: https://www.ted.com/talks/david_byrne_how_architecture_helped_music_evolve?language=en#t 934979. Acesso em: 10 mar. 2022.

COGLEY, B. Woods bagot devises office layouts for workplaces post-coronavirus. **Dezeen**, 11 jun. 2020. Disponível em: https://www.dezeen.com/2020/06/11/woods-bagot-office-layouts-post-coronavirus/. Acesso em: 10 mar. 2022.

COLOR effect on emotions study by Valdez & Mehrabian research paper. **IvyPanda**, 22 set. 2020. Disponível em: https://ivypanda.com/essays/color-effect-on-emotions-study-by-valdez-amp-mehrabian/. Acesso em: 10 mar. 2022.

COLOR psychology. **Wikipedia**. Disponível em: https://en.wikipedia.org/wiki/Color_psychology. Acesso em: 10 mar. 2022.

COLOR psychology: the emotional effects of colors. **Art therapy**, [s. d.]. Disponível em: http://www.arttherapyblog.com/online/color-psychology-psychologica-effects-of-colors/#.Yio0wXrMLIV. Acesso em: 10 mar. 2022.

COLOR theory & emotions. **Study.com**, [s. d.]. Disponível em: https://study.com/academy/lesson/color-theory-emotions.html. Acesso em: 10 mar. 2022.

COLORS and they're into psychology. **Reddit**. Disponível em: https://www.reddit.com/r/coolguides/comments/im62qe/colors_and_theyre_into_psychology/. Acesso em: 10 mar. 2022.

CONHEÇA mais sobre os principais tipos de lâmpadas. **Galaxy Led**, [*s. d.*]. Disponível em: http://www.galaxyled.com.br/blog_interna/conheca-tipos-de-lampadas. Acesso em: 10 mar. 2022.

CUNHA, J. M. F.; GURGEL, M. **Cerveja com design**. São Paulo: Editora Senac São Paulo, 2017.

CURKIN, C. Now what? How home design and architecture should adapt to a post-covid world. **Elle Décor**, 7 jan. 2021. Disponível em: https://www.elledecor.com/design-decorate/interior-designers/a34918038/architecture-home-design-after-covid-pandemic/. Acesso em: 10 mar. 2022.

DID YOU know there are 14 patterns of biophilic design?. **IA's Diane** [*s. d.*]. Disponível em: https://interiorarchitects.com/did-you-know-there-are-14-phases-of-biophilic-design/. Acesso em: 11 mar. 2022.

DIVENTARE se stessi con Friedrich Nietzche. **Fondazione Circolo dei lettori**, [*s. d.*]. Disponível em: https://www.circololettori.it/2016/03/09/diventare-se-stessi-con-friedrich-nietzsche. Acesso em: 10 mar. 2022.

DO YOU know how psychology of space is impacting interior designing?. **Sushant University**, 28 mai. 2018. Disponível em: https://sushantuniversity.edu.in/blog/do-you-know-how-psychology-of-space-is-impacting-interior-designing/. Acesso em: 10 mar. 2022.

DUNN, J. Biophilic design: the rise of wellness-enhancing architecture. **Houzz**, 11 jan. 2018. Disponível em: https://www.houzz.com.au/magazine/biophilic-design-the-rise-of-of-wellness-enhancing-architecture-stsetivw-vs~93120196. Acesso em: 10 mar. 2022.

EMBALAGENSM2B. Disponível em: https://www.embalagensm2b.com.br. Acesso em: 10 mar. 2022.

ENVIRONMENTAL psychology supports Feng Shui principles. **Luminous Spaces**, [*s. d.*]. Disponível em: https://www.luminousspaces.com/evidence-based-design-how-environmental-psychology-supports-feng-shui-principles/. Acesso em: 10 mar. 2022.

ENVIRONMENTAL psychology: the latest architecture and news. **Arch Daily**, [s. d.]. Disponível em: https://archdaily.com/tag/environmental-psychology. Acesso em: 10 mar. 2022.

EVIDENCE based design: when neuroscience, psychology, and interior design meet (part 1). **IandS Design**, 2 fev. 2015. Disponível em: https://iands.design/articles/36098/evidence-based-design-when-neuroscience-psychology-and-interior-design-meet-part-1. Acesso em: 10 mar. 2022.

FAIRLEY, J. Neuroarchitecture: the new movement at the forefront of design. **Houzz**, 27 mai. 2018. Disponível em: https://www.houzz.com.au/magazine/neuroarchitecture-the-new-movement-at-the-forefront-of-design-stsetivw-vs~102817508. Acesso em: 10 mar. 2022.

FAIRS, M. "Offices are going to get much smaller" after pandemic says Sevil Peach. **Dezeen**. 11 maio 2020. Disponível em: https://www.dezeen.com/2020/05/11/offices-design-coronavirus-pandemic-sevil-peach/. Acesso em: 10 mar. 2022.

FENG SHUI London. About Jan Cisek. **Feng Shui London**, [s. d.]. Disponível em: http://www.fengshuilondon.net/about-jan-cisek-feng-shui-consultant. Acesso em: 10 mar. 2022.

FOX, K. **The smell report**: an overview of facts and findings. Oxford: Social Issues Research Centre, [s. d.]. Disponível em: http://www.sirc.org/publik/smell_emotion.html. Acesso em: 10 mar. 2022.

FREARSON, A. Studio Aisslinger designs LOQI office with social distancing in mind. **Dezeen**, 24 dez. 2020. Disponível em: https://www.dezeen.com/2020/12/24/loqi-office-social-distancing-studio-aisslinger/. Acesso em: 10 mar. 2022.

FROMM, E. **The anatomy of human destructiveness**. New York: Holt, Rinehart and Winston, 1973.

GOLOMBEK, D. A.; ROSENSTEIN, R. Physiology of circadian entrainment. **Physiological Reviews**, v. 90, n. 3, p. 1.063-1.102, 2010. Disponível em: https://journals.physiology.org/doi/full/10.1152/physrev.00009.2009. Acesso em: 10 mar. 2022.

GREEN, J. Psychology of interior design. **The dirt**: uniting the built and natural environments, 5 ago. 2012. Disponível em: https://dirt.asla.org/2012/05/18/the-psychology-of-interior-design/. Acesso em: 9 mar. 2022.

GURGEL, M.; RELVAS, E. **Café com design**: a arte de beber café. 2. ed. São Paulo: Editora Senac São Paulo, 2018.

GURGEL, M. **Design passivo**: guia para conhecer, entender e aplicar conforto ambiental com baixo consumo energético. São Paulo: Editora Senac São Paulo, 2012.

GURGEL, M. **Projetando espaços**: design de interiores. São Paulo: Editora Senac São Paulo, 2007.

GURGEL, M. **Projetando espaços**: guia de arquitetura de interiores para áreas residenciais. São Paulo: Editora Senac São Paulo, 2007.

GURGEL, M.; GAVIOLI, A. **Vinho com design**. São Paulo: Editora Senac São Paulo, 2019.

HALL, E. **A dimensão oculta**. São Paulo: Martins Fontes, 2005.

HARROUK, C. Psychology of space: how interiors impact our behavior?. **Arch Daily**, 20 mar. 2020. Disponível em: https://www.archdaily.com/936027/psychology-of-space-how-interiors-impact-our-behavior. Acesso em: 10 mar. 2020.

HEATH, O. Health and wellbeing tips for working for home. **Oliver Heath Design**, 3 abr. 2020. Disponível em: https://www.oliverheath.com/insights-and-news/health-wellbeing-tips-for-working-from-home/. Acesso em: 22 mar. 2022.

HOME DYNAMICS. **Vitra**. Disponível em: https://www.vitra.com/en-be/sessions/home-dynamics-epaper. Acesso em: 22 mar. 2022.

INTERIOR design with scent in mind. **Mulhall's**, [s. d.]. Disponível em: https://mulhalls.com/garden-home/blog/interior-design-with-scent-in-mind/. Acesso em: 10 mar. 2022.

JOW, T. 8 ways covid-19 will impact the future of interior design. **Architectural Digest**, 4 mai. 2020. Disponível em: https://www.architecturaldigest.com/story/8-ways-covid-19-will-impact-the-future-of-interior-design. Acesso em: 10 mar. 2020.

KAYIHAN, K. S.; GÜNEY, S. Ö.; ÜNAL, F. C. Biophilia as the main design question in the architectural design studio teaching. **Megaron**, v. 13, n. 1, p. 1-12, 2018. Disponível em: https://jag.journalagent.com/megaron/pdfs/MEGARON-59265-ARTICLE-SEVINC_KAYIHAN.pdf. Acesso em: 11 mar. 2022.

KELLERT, S. R. What is and what is not biophilic design?. **Metropolis Magazine**, 26 out. 2015.

KELLERT, S. R.; CALABRESE; E. F. **The practice of biophilic design**. [*S. l.*]: Biophilic Design, 2015.

KELLERT, S. R.; HEERWAGEN, J. H.; MADOR, M. L. **Biophilic design**: the theory, science and practice of bringing buildings to life. New York: John Wiley & Sons, 2008.

KELLERT, S. R.; WILSON, E. O. (org.). **The biophilia hypothesis**. Washington, D.C.: Island Press: Shearwater Books,1995.

KER, A. D. Scents of space: how fragrance instantly uplifts your mood and mindfulness at home. **Dwell**, [*s. d.*]. Disponível em: https://www.dwell.com/article/importance-of-scent-in-home-design-e4cf1b42. Acesso em: 10 mar. 2022.

KLEIN, K. Mass design group outlines redesign strategies for restaurants following coronavirus. **Dezeen**, 29 maio 2020. Disponível em: https://www.dezeen.com/2020/05/29/mass-design-strategies-restaurants-in-response-to-coronavirus/. Acesso em: 10 mar. 2022.

KULACH, K. **Sell the right colour**: the power of colour in international ecommerce. Disponível em: https://www.webinterpret.com/au/blog/sell-the-right-colour-the-power-of-colour-in-international-e-commerce/. Acesso em: 10 mar. 2022.

LAFREGEYRE, M. C. Physiological role of pleasure: a stimulus can feel pleasant or unpleasant depending upon its usefulness as determined by internal signals. **Science**, v. 173, n. 4.002, p. 1.103-1.107, 17 set. 1971. Disponível em: https://www.science.org/doi/10.1126/science.173.4002.1103. Acesso em: 10 mar. 2022.

LIGHT colour temperature affects mood. **Edison Light Globes**, [*s. d.*]. Disponível em: https://edisonlightglobes.com/Shop/light-colour-temperature-affects-mood/?ph=cea3d6b-1f981173206299b1b. Acesso em: 10 mar. 2022.

LIVING building challenge. **International Living Future Institute**, [*s. d.*]. Disponível em: https://living-future.org/lbc/. Acesso em: 14 mar. 2022.

LUPTON, E.; LIPPS, A. Why sensory design?. **Cooper Hewitt**, 3 abr. 2018. Disponível em: https://www.cooperhewitt.org/2018/04/03/why-sensory-design/. Acesso em: 10 mar. 2022.

MAHNKE, F. H. **Color, environment & human response**. New York: John Wiley & Sons, 1996.

MALSEL, E. R. How to use your 5 senses to stimulate creative flow. **Psychology Today**, 4 maio 2021. Disponível em: https://www.psychologytoday.com/us/blog/rethinking-mental-health/202105/how-use-your-5-senses-stimulate-creative-flow. Acesso em: 10 mar. 2022.

MARQUES, J. R. O que é neurociência?. **Instituto Brasileiro de Coaching**, 4 jun. 2019. Disponível em: https://www.ibccoaching.com.br/portal/coaching-e-psicologia/o-que-e-neurociencia/. Acesso em: 10 mar. 2022.

MARTINEZ, A. Matiz, saturação e brilho. **LAIFI**, 16 jun. 2011. Disponível em: http://www.laifi.com/laifi.php?id_laifi=656&idC=7458#. Acesso em 10 mar. 2022.

MATTEDE, H. RGB e temperatura de cor para iluminação? Aprenda sobre luminotécnica!. **Mundo da Elétrica**, [*s. d.*]. Disponível em: https://www.mundodaeletrica.com/rgb-temperatura-de-cor-para-iluminacao-aprenda-sobre-luminotecnica/. Acesso em: 10 mar. 2022.

MCCAIN, M. Bringing the outdoors in: the benefits of biophilia. **NRDC**, 23 jun. 2020. Disponível em: https://www.nrdc.org/experts/maria-mccain/bringing-outdoors-benefits-biophilia. Acesso em: 10 mar. 2022.

MENEZES, G. Psicologia das cores: você sabia que cada cor pode alterar sua percepção?. **Blog da Printi**, 18 dez. 2020. Disponível em: https://www.printi.com.br/blog/psicologia-das-cores-voce-sabia-que-cada-cor-pode-alterar-sua-percepcao. Acesso em: 10 mar. 2022.

MOSER, G. Psicologia ambiental. **Estudos de Psicologia**, v. 3, n. 1, jun. 1998. Disponível em: https://www.scielo.br/j/epsic/a/JJ6HsWrYfmYZy9XxZxtYVFr/?lang=pt#. Acesso em: 9 mar. 2022.

NAVARRO, J. Our spatial needs: our need for space is personal and cultural, and varies moment by moment. **Psychology Today**, 10 ago. 2018. Disponível em: https://www.psychologytoday.com/au/blog/spycatcher/201808/our-spatial-needs. Acesso em: 10 mar. 2022.

NEUROARCHITECTURE: the environment's power over the brain. **Exploring Your Mind**, 20 jul. 2020. Disponível em: https://exploringyourmind.com/neuroarchiteture-environment-brain/. Acesso em: 10 mar. 2020.

O QUE é ritmo circadiano. **Condor instruments**, [s. d.]. Disponível em: https://www.condorinst.com.br/en/o-que-ritmo-circadiano/. Acesso em: 10 mar. 2022.

O'GARA, M. Como o envolvimento dos sentidos cria um design significativo. **Interface**, 4 nov. 2019. Disponível em: https://blog.interface.com/pt-br/como-envolvimento-dos-sentidos-cria-design-significativo/. Acesso em: 9 mar. 2022.

OLESEN, J. Color meanings: the power and symbolism of colors. **Color Meanings**, 2013. Disponível em: https://www.color-meanings.com/. Acesso em: 10 mar. 2022.

OSRAM. **Light is the source of well-being**: efficient HCL Solutions. Munich: Osram, [s. d.] Disponível em: https://www.masterlite.se/images/pdf/Light_is_the_souce_of_well-being_-_Efficient_HCL_solutions_EN.pdf. Acesso em: 10 mar. 2022.

PALLASMAA, J. **The eyes of the skin**: architecture and the senses. New York: Wiley, 2012.

PROXEMICS. **Wikipedia**, [s. d.]. Disponível em: https://en.wikipedia.org/wiki/Personal_space. Acesso em: 10 mar. 2022.

PSICOLOGIA das cores: veja o significado e as curiosidades de cada cor. **Psicologia Viva**, 2 nov. 2018. Disponível em: https://blog.psicologiaviva.com.br/psicologia-das-cores/. Acesso em: 10 mar. 2022.

PSYCHOLOGY of color: why we love certain shades. **HGTV**, [s. d.]. Disponível em: https://www.pinterest.com.au/pin/574631233694551488/. Acesso em: 10 mar. 2022.

PSYCHOLOGY of space: how interior design impacts our mood and behavior. **Cubicoon**: architecture, design, spaces, [s. d.]. Disponível em: https://cubicoon.com/2021/09/01/psychology-of-space-how-interior-design-impacts-our-mood-and-behavior/. Acesso em: 10 mar. 2022.

QAZIMI, S. Sense of place and place identity. **European Journal of Social Sciences Education and Research**, v. 1, n. 1, maio/ago. 2014, p. 306-311. Disponível em: https://revistia.com/files/articles/ejser_v1_i1_14/ShukranQ.pdf. Acesso em: 10 mar. 2022.

RAJAGOPAL, A. Studio O+A's toolkit says returning to the office can be joyful. **Metropolis**, 28 jan. 2021. Disponível em: https://metropolismag.com/projects/studio-oa-toolkit/. Acesso em: 10 mar. 2022.

RAPOPORT, A. **House form and culture**. Hoboken: Prentice Hall, 1969.

RAVENSCROFT, T. Weston Williamson + partners envisions social-distancing office. **Dezeen**. 14 maio 2020. Disponível em: https://www.dezeen.com/2020/05/14/weston-williamson-social-distancing-office/. Acesso em: 10 mar. 2022.

REISS, S. **Who am I?** 16 basic desires that motivate our actions define our personalities. Berkeley: Berkley Books, 2004.

ROSSBACH, S; YUN, L. **Feng Shui e a arte da cor**. São Paulo: Campus, 1998.

RYAN, C. Biophilia and the well building standard. **Terrapin Bright Green**, 22 jul. 2015. Disponível em: https://www.terrapinbrightgreen.com/blog/2015/07/biophilia-parallels-well/. Acesso em: 10 mar. 2022.

RYAN, C-L. **Why design for experience?**. [*S. l.*], 25 dez. 2017. Medium: @ chirrylleeryan. Disponível em: https://medium.com/@chirrylleeryan/why-design-for-experience-eec21e758706. Acesso em: 9 mar. 2022.

SALINGAROS, N. A. **Biophilia & healing environments**: healthy principles for designing the built world. New York: Terrapin Bright Green, 2015.

SINGERMAN, D. Design for ears: acoustics and finishes. **Architecture and Design**, 12 mar. 2013. Disponível em: https://www.architectureanddesign.com.au/features/features-articles/design-for-ears-acoustics-and-finishes#. Acesso em: 10 mar. 2022.

SMITH, V. M.; STEWART, B. L. **Feng Shui**: a practical guide for architects and designers. New York: Kaplan Publishing; 2006.

SOK, E. The role of "Alliesthesia" in building design. **Sage Glass**, 6 nov. 2018. Disponível em: https://www.sageglass.com/en/visionary-insights/alliesthesia-in-buildings. Acesso em: 10 mar. 2022.

SOMMER, R. **Personal space**: the behavioral basis of design. [*S. l.*]: Bosko Books, 2008.

SPENCE, C. **Senses of place**: architectural design for the multisensory mind. Cognitive Research: Principles and Implications, v. 5, n. 46, 2020.

STERNBERG, E. Healing spaces – the science of place and well-being. **Ted**, 2013. Disponível em: https://www.youtube.com/watch?v=7zBOPRs1yRE. Acesso em: 10 mar. 2022.

SUBCONSCIOUS architecture: how psychologically friendly is your environment? **Spaceist**, 13 nov. 2014. Disponível em: https://www.spaceist.co.uk/blog/subconscious-architecture-how-psychologically-friendly-is-your-environment/. Acesso em: 10 mar. 2022.

TAYLOR, C. Aesthetics and well-being: how interior design affects your happiness. **Psychology Tomorrow Magazine**, 2 jul. 2016. Disponível em: https://psychologytomorrowmagazine.com/aesthetics-and-well-being-how-interior-design-affects-your-happiness. Acesso em: 9 mar. 2022.

TERRESTRE, F. Plantas que purificam o ar: verdade ou mito?. **eCycle**, [s. d.]. Disponível em: https://www.ecycle.com.br/plantas-que-purificam-o-ar/. Acesso em: 10 mar. 2022.

THE NOSE knows – boosting creativity with smell. **Radcom**, [s. d.]. Disponível em: https://radcomservices.com/nose-knows-boosting-creativity-smell/. Acesso em: 10 mar. 2022.

THE PSYCHOLOGICAL impact of light and color. **TCPI**, 12 dez. 2017. Disponível em: https://www.tcpi.com/psychological-impact-light-color/. Acesso em: 10 mar. 2022.

THE PSYCHOLOGY of sound. **CBC**, 2018. Disponível em: https://www.cbc.ca/natureofthings/features/the-psychology-of-sound.

TICLEANU, C. Impacts of home lighting on human health. Lighting research & technology. **SAGE Journals**. v. 53, n. 5, p. 453-475. 20 jul. 2021. Disponível em: https://journals.sagepub.com/doi/10.1177/14771535211021064. Acesso em: 10 mar. 2022.

TREASURE, J. Why architects need to use their ears. **TED**, jun. 2012. Disponível em: https://www.ted.com/talks/julian_treasure_why_architects_need_to_use_their_ears. Acesso em: 10 mar. 2022.

VALDEZ, P.; MEHRABIAN, A. Effects of color on emotions. **Journal of Experimental Psychology**, v. 123, n. 4, p. 394-409, 1994.

WASH, B. W.; CRAIK, K. H.; PRICE, R. H. (org.). **Person-environment psychology**: new directions and perspectives. New York: Psychology Press, 1999.

WEBER, C. Good vibes. **Architect Magazine**, 13 set. 2006. Disponível em: https://www.architectmagazine.com/practice/good-vibes_o. Acesso em: 10 mar. 2022.

WEL, M. The healing power of sound as meditation. **Psychology Today**, 5 jul. 2019. Disponível em: https://www.psychologytoday.com/au/blog/urban-survival/201907/the-healing-power-sound-meditation. Acesso em: 10 mar. 2022.

WELL building standard. **International Well Building Institute**, [s. d.]. Disponível em: https://standard.wellcertified.com/well. Acesso em: 14 mar. 2022.

WELLS, K. Green Buildings. Literally. **The Wall Street Journal**, p. R2, 27 jun. 2018.

WILSON, E. O. **Biophilia**. Cambridge: Harvard University Press, 1986.

WOODS BAGOT. Disponível em: https://www.woodsbagot.com/. Acesso em: 10 mar. 2022.

WYATT, S. Cubicles don't work: how architectural design affects your brain. **TED**, 10 jan. 2017. Disponível em: https://www.youtube.com/watch?v=lFkJCpD0_V0. Acesso em: 10 mar. 2022.

WOLVERTON, B. C.; JOHNSON, A.; BOUNDS, K. **Interior landscape plants for indoor air pollution abatement**. Hancock: Nasa, 15 set. 1989. Disponível em: https://ntrs.nasa.gov/citations/19930073077. Acesso em: 15 mar. 2022.

ZHU, Y. *et al*. Effects of illuminance and correlated color temperature on daytime cognitive performance, subjective mood, and alertness in healthy adults. **Environment and Behavior**, v. 51, n. 2, p. 199-230, 2017. Disponível em: https://journals.sagepub.com/doi/pdf/10.1177/0013916517738077. Acesso em: 10 mar. 2022.

ZOE. How to use scent when decorating your home. **Trinature**, [s. d.]. Disponível em: https://trinature.com/Guest-Blog-Using-Scent-when-Decorating-your-Home. Acesso em: 10 mar. 2022.

ÍNDICE GERAL

Acabamento do material, 96

Afinal, o que seria um ambiente bem projetado?, 166

Algumas considerações importantes, 143

Algumas definições importantes, 141

Algumas descobertas e exemplos de aplicação, 131

Algumas dicas, 45

Algumas propostas e soluções básicas utilizadas pelo mundo, 181

Algumas propostas interessantes para espaços residenciais, 184

Apresentação, 9

Arquitetura de interiores e design em tempos de pós-pandemia, 175

Audição, 69

Características importantes do ambiente a ser criado, 146

Características indispensáveis, 169

Como acrescentar um aroma na arquitetura de interiores e no design?, 64

Como os sentidos influenciam nosso comportamento e permitem viver "uma experiência" dentro dos ambientes, 61

Conceitos importantes, 29

Considerações segundo a ocupação de espaços, 178

Considerações segundo influências emocionais, 183

Cor, 81

Cores e nossa reação nos ambientes, As, 89

Cores poderão variar sua tonalidade segundo..., 94

Cultura de organizações, 38

Cultura nacional, 36

Definição de biofilia, 138

Design biofílico, 137, 140

Design multissensorial, O, 53

Elemento básico, 146

Elementos relacionados à natureza, 144

Elementos que podem ser utilizados no design para reafirmar e enfatizar a presença da natureza, 145

Em busca de uma "experiência" dentro dos ambientes, 17

Equilíbrio, 100

Esquemas cromáticos, 93

Exemplo de influências das sensações sentidas dentro de ambientes e que devem ser considerados pelos profissionais de design, 34

Exemplos de aplicação, 150

Exemplos de influenciadores visuais num ambiente, 81

Formas e linhas, 99

Iluminação, 104

"Imitar" a natureza dentro dos espaços, 154

Influências do som, 71

Local onde poderemos nos refugiar do mau tempo, do perigo, ou simplesmente descansar, 148

Luz do sol dentro do espaço, 159

Materiais naturais, 163

Mistério da natureza presente em nossas casas, O, 148

Na falta da luz do sol ou quando ela não é suficiente, 160

Neuroarquitetura, neurodesign e neuroestética, 129

Nota do editor, 7

Olfato, 61

Padronagem, 97

Paladar, 125

Permitir que a natureza "entre" através da visão (nosso sentido), 150

Permitir que a natureza esteja dentro do ambiente (utilizar visão, tato e olfato), 151

Personalidade, 35

Presença de água no projeto, 158

Processo cognitivo, 57

Psicologia ambiental e ciência dos espaços, 21

Psicologia do espaço e o Feng Shui, 49
Psicologia, arquitetura e design de interiores, 19
Quanto as cores podem alterar a percepção visual, 93
Quem utilizou primeiramente esse termo?, 139
Recomendações, 177
Referências, 191
Ritmo, variedade, ordem e complexidade, 102
Significado psicológico das cores, 87
Soluções determinadas por pesquisa e experiências anteriores, 179
Superfícies, 121
Tato, 121
Temperatura, 88, 124
Tentando facilitar a aplicação do design biofílico, 144
Teoria da motivação e sua aplicação, 41
Texturas, 123
Tipos de cor, 86
Toque e o ambiente, O, 121
Tudo começou com a neurociência!, 129
Utilizando os sentidos, 56
Ventilação e vida, 163
Vida na savana estaria em nosso DNA, A, 149
Visão, 79
Vivências e memória, 34